Nantes
1902

Dubuisson-Aubenay, François-Nicolas Baudot dit

Itinéraire de Bretagne en 1636

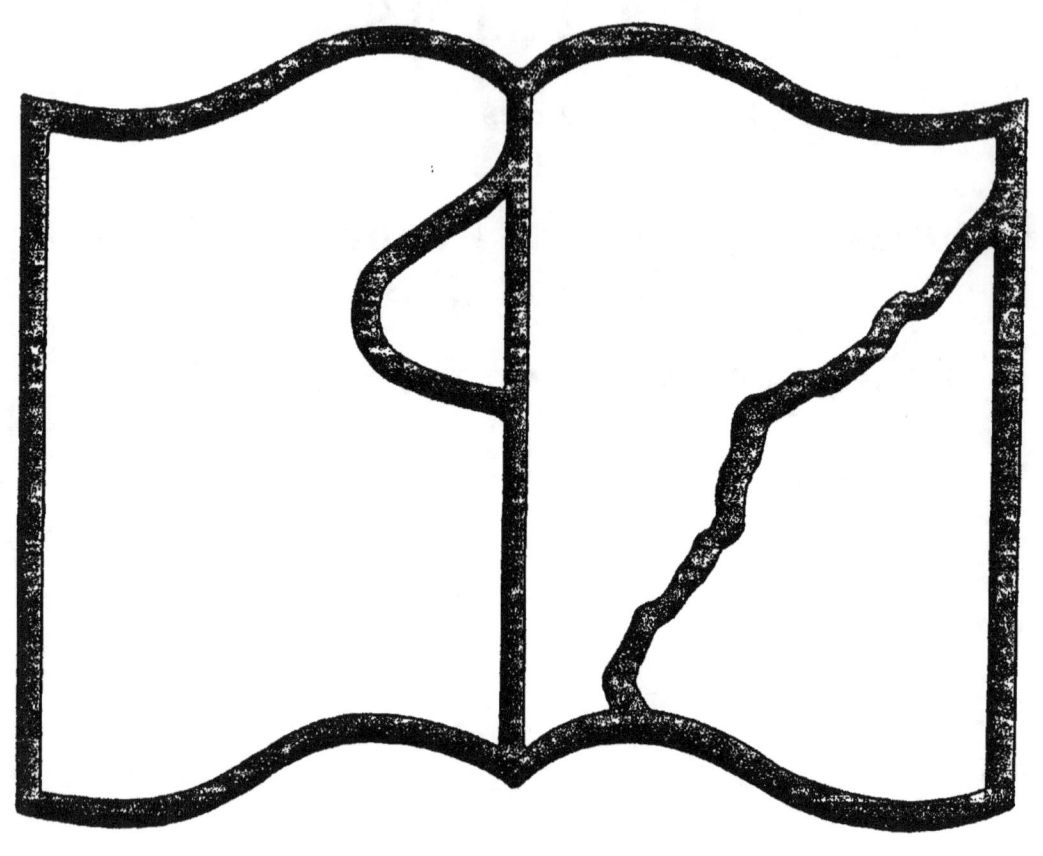

Symbole applicable
pour tout, ou partie
des documents microfilmés

Texte détérioré — reliure défectueuse

NF Z 43-120-11

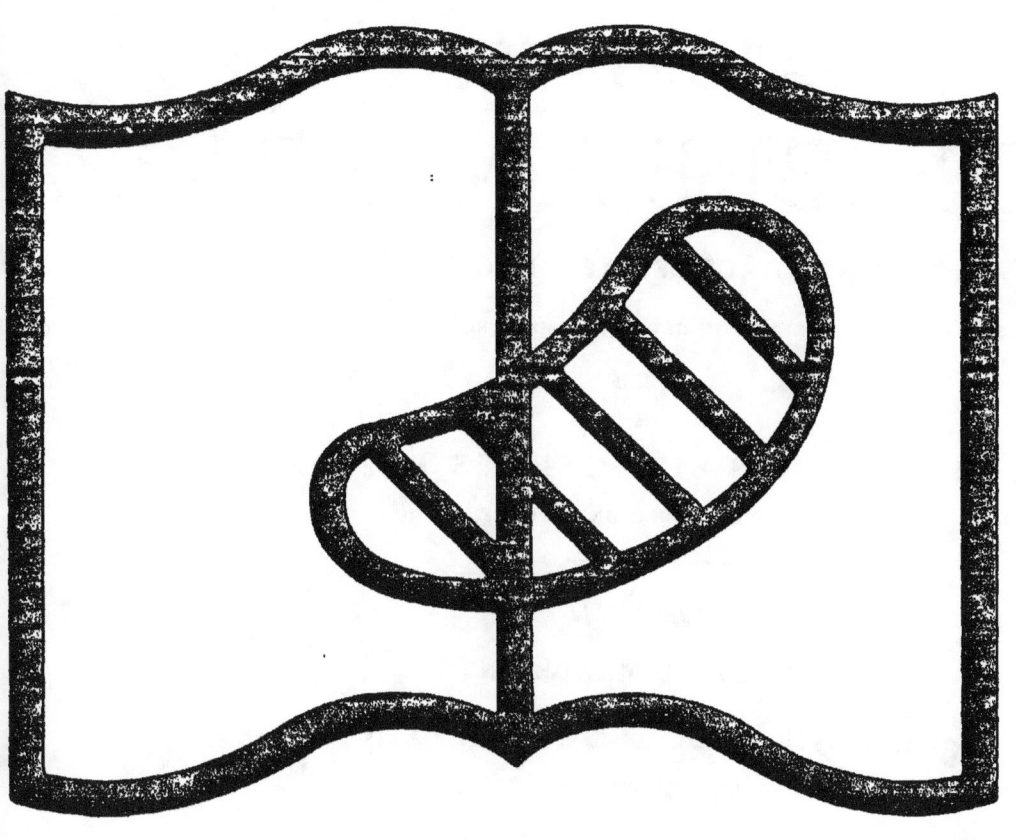

Symbole applicable
pour tout, ou partie
des documents microfilmés

Original illisible

NF Z 43-120-10

ARCHIVES
DE BRETAGNE

RECUEIL D'ACTES, DE CHRONIQUES

ET DE DOCUMENTS HISTORIQUES RARES OU INÉDITS

PUBLIÉ

PAR

LA SOCIÉTÉ DES BIBLIOPHILES BRETONS

ET DE L'HISTOIRE DE BRETAGNE

TOME VIII

LETTRES ET MANDEMENTS

DE JEAN V, DUC DE BRETAGNE

DE 1441 ET 1442

Supplément et Table

NANTES
SOCIÉTÉ DES BIBLIOPHILES BRETONS

ET DE L'HISTOIRE DE BRETAGNE

M. DCCC. XCV

ARCHIVES

DE BRETAGNE

Le tome VIII des Archives de Bretagne (*Lettres et Mandements du duc Jean V, Actes de 1441 et 1442, Supplément et Table*) a été tiré à 400 exemplaires in-4° vergé, pour les membres de la *Société des Bibliophiles Bretons*, et à 100 exemplaires in-4° mécanique, pour être mis en vente.

Tresch... et present... Je me recommande a vous Joy... les...
...et par... departement de... ...amer la doubl...
...et... et par... ne puis aucunement... ...
...le Roy sont assemblee... me... semble quil y a mesurer...
...à ung... en... nouvelle pour... aplain aussi ay
... par meffe... et ... que ma... de ...
... tout... luy ay dit et declere mon intention
pour... proposer... vous... tresch... present...
... une... et après... plait... ...
...et vous teneis pour... le... tout prest et pour
moy ne tiendra... lequel... en... nous deferoyons...
Vous... vous prians... ...perde de... part
... je y ay mis... et... faire... vous...
... vous... est... que... puisse de me plus...
...aulcun... ... vous... sa
... ...plaisir de... nostre... de...
le xxiij hour de jannuer.

ARCHIVES
DE BRETAGNE

RECUEIL D'ACTES, DE CHRONIQUES

ET DE DOCUMENTS HISTORIQUES RARES OU INÉDITS

PUBLIÉ

PAR

LA SOCIÉTÉ DES BIBLIOPHILES BRETONS

ET DE L'HISTOIRE DE BRETAGNE

TOME VIII

LETTRES ET MANDEMENTS

DE JEAN V, DUC DE BRETAGNE

DE 1441 ET 1442

Supplément et Table

NANTES

SOCIÉTÉ DES BIBLIOPHILES BRETONS

ET DE L'HISTOIRE DE BRETAGNE

—

M. DCCC. XCV

LETTRES ET MANDEMENTS

DE

JEAN V
DUC DE BRETAGNE

PUBLIÉS AVEC NOTES ET INTRODUCTION

PAR

RENÉ BLANCHARD

LAURÉAT DE L'INSTITUT

Actes de Jean V, de 1441 et 1442, Supplément et Table

NANTES
SOCIÉTÉ DES BIBLIOPHILES BRETONS
ET DE L'HISTOIRE DE BRETAGNE

M.DCCC.XCV

LETTRES ET MANDEMENTS

DE

JEAN V, DUC DE BRETAGNE

2466

Anoblissement et franchise pour Jean le Cappitaine.

Vidimus du 26 janvier 1442 (Ar. L.-Inf., B, Anobl. et franchises).

A Lesternic, 1441 n. s., 3 janvier. — « Jehan... A touz... salut. Comme nous... appartiegne ennoblir, franchir, etc. Savoir faisons combien que Jehan le Cappitaine, à present desmorant en la parroesse de Gourein ou diousscesse de Cornouaille, soiet extrait de noble lignée et ancesourie ancienne, et qu'il et les siens nous aient servi en armes et en diversses offices de nostre maeson ; ce neantmens, pour ce qu'il a esté par sa simplesse pour auchun temps contributiff en noz fouaiges..., à la priere et requestes d'aucuns noz proches servitours qui de ce nous ont très humblement supplié et recquis..., icellui Cappitaine et ses hoirs malles procreez de sa chaer en bon, vroy et loyal mariaige, avons aujourduy... ennobliz, franchiz..., avec la maison où il desmeure, de touz fouaiges... ; en voulant qu'ilz joyssent des previlleges et libertez de noblesse, parce que nous serviront en armes comme les aultres nobles de nostre pays ; » avec décharge d'un feu pour les habitants de Gourin. « Et en oultre avons donné... aud. Cappitaine et à Yvon le Cappitaine, son frère germain, l'impost de dix pipes de vin qu'ilz, par eulx ou par leurs souffisantz commis et depputez, vendront ou feront vandre oud. hostel ou aillours où bon leur samblera, en detail, par chascun an, led. nombre

I

de dix pipes de vin. Sy donnons en mandement à noz cappitaines, seneschalx, bailliffs... de Kemperellé, de Kerahes et dud. Gourein, etc. Et affin que ce soiet chosse ferme et estable pour durer à tousjours mais, nous avons signé ces presentes de nostre main et fait seller de nostre grant sceau en laz de saye et cire vert...

Ainsi signé, Par le duc, de sa main. — Par le duc, de son commandement. — Babouin. »

2467

Analyse (Bibl. nat , ms. fr. 22331, fº 70, nº 395).

1441, 3 janvier. — Mandement du duc aux gens des comptes de mettre en décharge Jean de Cleuz, garde robier, « des habits donnez à 50 ou 60 personnes. » — Par le duc. — Babouin.

2468

Mention dans un compte (Bibl. nat., ms. fr. 11543, fº 34; anc. Ch. des c. de Nantes).

1441, 4 janvier. — Quittance du duc à Eon Conan, receveur de la châtellenie de Duault, de la somme de « xx escuz d'or à poys de franc, » valant 25 liv. — Signé, Par le duc. — G. de Carné.

2469

Mention dans des lettres du duc François Iᵉʳ, du 15 février 1444 (Ar. L.-Inf., E 84; anc. Tr. des Ch. F. A. 16).

1441, 29 janvier. — Lettres de Jean V ratificatives d'autres lettres de François de Bretagne, comte de Montfort, fils aîné du duc, datées du 24 janvier 1441, par lesquelles celui-ci avait concédé à frère Guillaume Vaurouillon et autres ses frères, de l'ordre de saint François, dans sa forêt de Fougères, un emplacement « nommé le Pas au Moulnier, » pour édifier un hermitage, avec trois journaux de terre et le droit d'usage en lad. forêt pour leurs bois de construction et de chauffage.

2470

Anoblissement et franchise pour Jean Champion.

Copie du XVIᵉ s. sur papier faite sur un vidimus du 20 février 1441 (Ar. L.-Inf., E 152; anc. Tr. des Ch. R. C. 28) ¹.

A Muzillac, 1441, 3 février. — « Jehan..... A touz... salut. De la partie de nostre cher et bien amé Jehan Champion, natiff du pays de Normandie, à present demourant à Foulgeres, nous a esté exposé que comme dès long temps, à l'ocasion des guerres et autrement, il ayt laissé led. pays de Normandie et venu demourer en nostre pays, et y eslieu et choyssy sa mencion et demeure, et y a eu en grant nombre de beaulx enffans, et se y soyt il et sesd. enffans miscué et entremis en faict de marchahdie et uncore, jà soiet ce que il soit yssu de noble enceserie et que, au temps de son partement dud. pays, il povayt bien honnourablement vivre sans se marchander aucunement; toutefoiz ils se y sont tiellement gouverner que, par le moyen des dilligences qu'ilz ont faictes, ont aquys en nostred. pays en grant nombre de biens et richesses, et sont puyssans de corps et de biens de nous servir en armes et autrement, et y ont très bonne voulonté, Nous suppliant led. Champion que, en augmentant le bien et honneur de luy et de sa lignée, il nous plaisse ennoblir il et sesd. enffans, et le franchir de toutes subvencions et gabelles mises ou à mettre en nostred. pays, en maniere que pour le temps avenir, il et sesd. enffans puyssent joir des previleges de noblesse en nostred. pays, en la forme et maniere que le font les autres nobles de nostre pays, et que ce non obstant, il et sesd. enffans se puissent entremettre aucunement de faict de marchandie, se ilz voient l'avoir à faire pour leur vie gaigner et estat soustenir honnorablement, humblement le nous requerant. Savoir faysons que nous... ennoblissons led. Jehan Champion et sesd. enffans, et... exemptons de guet, foayges..., sanz ce que led. faict de marchandie prejudice aucunement à leurd. previlege de noblesse, par ainxi toutefoix que led. Champion ou l'un de sesd. enffans seront tenuz nous servir en armes... Et pour ce que led. Jehan Champion est viel et ancien, non puissant de travailler en armes, voulons et nous plaist qu'il soiet demouré à la garde de noustre chastel et ville de Foulgeres, pour y servir à sa puissance en la compaignie des autres nobles de nostre pays qui y seront ordonnez quant le cas y escherra. Si donnons en mandement à notz cappitaines, seneschalx, allouez et procureux de Rennes, etc. En tesmoingn de ce, et adfin que ce soiet chosse ferme et estable à valloir et durer aud. Champion et à sesd. enffans à chascun en perpetuel, nous avons signé ces presentes de nostre main et faict seller de nostre seau en laz de saye et de cire vert.

Ainsi signé, Par le duc, escript de sa main au blanc d'iceluy. — Et sur marge, Par le duc, de son commandement, [presents] : l'esveque de St Brieuc[2], le sire de Chateaubriend, le bastart de

1. C'est au dos de ce document qu'a été écrite la bizarre note suivante que nous avons déjà reproduite dans notre Introduction (p. ci): « Besoigne vous m'avez travaillé et mis en besoigne pour sercher le mandement ou la coppie dont en y a une de l'autre part; ce que n'ay peu, ne saroys, ne autre homme trouver en la Chambre, pour ce que jamais led. mandement ne fut verifilé ne enregestré en lad. Chambre. Allez vous chauffés, courte jambe. »

2. L'évêque de St-Brieuc paraissant ici, sous son titre, pour la première fois dans la présente série des Actes de Jean V, nous en profitons pour insérer une note qui aurait dû figurer dès le n° 2352 de la série précédente. On nous pardonnera cette note un peu longue à raison de son utilité générale. Elle est nécessitée par l'obligation où nous sommes d'expliquer pourquoi, dans notre Table générale, nous avons placé sous le nom de Jean Prégent les mentions assez nombreuses de l'évêque de St-Brieuc comprises entre les n°s 2352 et 2554, alors que presque toutes les listes épiscopales, les plus récentes et les plus autorisées notamment, auraient dû nous faire attribuer ces mentions à Jean l'Espervier.

Les confusions et les contradictions les plus évidentes ressortent à première vue de la comparaison des catalogues épiscopaux de St-Brieuc, de St-Malo et de Léon. Le premier en date (1618): celui que Charles d'Argentré a donné dans la 3e édit. de l'Histoire de Bretagne de son père, s'exprime ainsi (p. 65), à l'article des évêques de St-Malo : « 46e évêque. Jean Lespervier, auparavant evesque de St-Brieuc. » Ce qui n'empêche que Jean l'Espervier n'a point trouvé place dans la liste des prélats de St-Brieuc du même auteur. Le catalogue des Bénédictins (1756) nous dit (p. LXXI), au chapitre des évêques de St-Brieuc : « Jean l'Espervier évêque de Leon fut transféré à S. Brieu le 27 de février 1439. » On s'attendrait d'après cela à trouver dans le même ouvrage au moins le nom de L'Espervier parmi ceux des évêques de Léon; mais il n'en est rien. D'un autre côté, le catalogue bénédictin, (évêques de Léon, p. XLI), s'exprime de la sorte: «Jean Prégent fut transféré à S. Brieu le 27 de février 1439, selon les registres du Vatican. » Voilà donc le siège de St-Brieuc pourvu à une même date de deux titulaires : Jean l'Espervier, qu'on dit venir de Léon, mais pour lequel on n'a pu trouver de place sur la liste des pasteurs de ce diocèse, et Jean Prégent, réellement évêque de Léon.

Évidemment l'un des deux personnages était à écarter. Les Bénédictins ont éliminé, du moins à cette date, Prégent, et maintenu L'Espervier. Ils ont été suivis par tous les historiens des évêques de St-Brieuc et de St-Malo: Ruffelet, Ogée, Guimart, Geslin et de Barthélemy, Hauréau, Guillotin de Corson, qui narrent, plus ou moins longuement, les faits et gestes de L'Espervier sur le siège de St-Brieuc.

Les Bénédictins n'ont pas eu la main heureuse. Jean l'Espervier n'a été ni évêque de Léon — M. Hauréau a refusé

Bretaigne, l'abbé de Biaulieu, missire du Chastel, le seneschal de Broreche, maistre Jacques Penchoedec, Jehan de la Ripviere. — B. HUCHET. »

2471

Mandement de juger une contestation entre les moines de Buzay et le s⁰ʳ de Vigneux.

Orig. scellé en cire rouge sur s. q. du sceau nᵒ 4 (Ar. L.-Inf., H 21, f. de l'abbaye de Buzay).

A Nantes, 1441, 25 février. — « Jehan... A noz seneschal et aloué de Nantes, salut. De la partie de noz amez religieux et devotz orateurs les abbé et convent de Buzay nous a esté humblement exposé que, jasoit ce que eulx et leurs predecesseurs aient de tout temps anciennement, ès temps passez, acoustumé avoir leur pas, chemin et yssue à tirer et faire tirer leurs fains et levées d'aucuns endroiz de leur ysle de Challieres par la vallée de Vigneu, et d'autres endroiz par la valée des sci-

de suivre sur ce terrain ses savants prédécesseurs, — ni de Sᵗ-Brieuc; mais seulement de Sᵗ-Malo, de 1450 à 1486, et Jean Prégent a gouverné le diocèse de Sᵗ-Brieuc du 27 février 1439 (suivant l'une des leçons bénédictines, et non du 29 avril, *aliàs* du 29 août 1450, comme le disent les auteurs) jusqu'à la fin de 1471.

Ne pouvant examiner ici en détail chacun des actes attribués à L'Espervier comme évêque de Sᵗ-Brieuc, il nous suffira de relever en partie ceux qu'a notés l'ouvrage qui fait autorité en la matière: le t. xɪv du *Gallia*. Sans nous arrêter au titre de chancelier qu'on lui prête à tort, L'Espervier fut, nous dit-on, l'un des envoyés du duc de Bretagne aux États d'Orléans en 1439. Le héraut Berry cite en effet « l'evesque de S. Bryeu » parmi les délégués, mais il ne le nomme pas, et c'est sans preuves que D. Morice (*Hist.*, ɪ, 531) l'appelle Jean l'Espervier, alors que D. Lobineau (*Hist.* ɪ, 611), plus réservé, s'était contenté de dire : l'évêque de Sᵗ-Brieuc. La sauvegarde de 1440, l'entrevue de Chinon qui est du 14 mars 1446 n. s. et non de 1442, comme semble l'indiquer le *Gallia*, les bulles des 10 juin et 20 déc. 1449 relatives à Redon, sont tous lesquels serait intervenu L'Espervier, ne désignent l'évêque de Sᵗ-Brieuc que d'une façon impersonnelle, ou bien par l'initiale *J.* de son prénom, ou encore par ce prénom tout entier : *Johannes episcopus Briocensis*. Mais, comme Prégent et L'Espervier se nommaient également Jean, on n'en saurait tirer de conséquences en faveur de l'un ou de l'autre de ces personnages.

A l'appui de notre thèse nous produirons plusieurs documents. Le premier en date et le plus positif est le Procès du maréchal de Rays. Il n'a, il est vrai, été édité que tout récemment (1886) par M. de Maulde, mais les Bénédictins en ont bien connu le ms. orig., et les copies en sont nombreuses. Or, du 8 au 25 oct. 1440, l'évêque de Sᵗ-Brieuc n'assiste pas à moins de huit séances du procès, et dans toutes il est nommé « *Johannes Prigencii episcopus Briocensis* » (*Procès*, p. xɪɪ, où l'éditeur a noté l'erreur de Du Paz et du *Gallia*, mais sans éliminer L'Espervier et en faisant, à tort, mourir Prégent en 1462, p. xvɪ, xxxvɪɪ, xxxvɪɪɪ, etc.) — Dans un concordat du 14 août 1441 (Ar. L.-Inf., E 40), on trouve mentionné « *J. episcopus Leonensis, nunc Briocensis.* » Or Prégent, nul ne le conteste, a occupé le siège de Léon de 1436 à 1439 ; c'est donc lui qui est ici visé et le concordat susdit est, à n'en pas douter, la source de l'erreur des Bénédictins quand ils nous disent que Jean (l'Espervier suivant eux, évêque de Sᵗ-Brieuc de 1439 à 1450) avait été évêque de Léon.

Pour achever la preuve et montrer qu'à aucun moment L'Espervier n'a pu gouverner le diocèse de Sᵗ-Brieuc, nous citerons divers actes où l'on rencontre simultanément l'évêque de Sᵗ-Brieuc et Jean l'Espervier : 29 avril 1443. Fondation par Pierre de Bretagne dans la collégiale de Nantes ; parmi les témoins : *Johanne Pipperarii* (forme latine du nom de L'Espervier), chanoine de la collégiale ; et plus loin, *Johanne Briocensis episcopo* (Ar. L.-Inf., E 84). — 1442-1444. Conseillers du duc : l'évêque de Sᵗ-Brieuc et Jehan l'Esprevier (Compte, dans D. Mor. *Pr.*, ɪɪ, 1372). — 1ᵉʳ janvier 1446 n. s. Étrennes à l'évêque de Sᵗ-Brieuc et à Jean l'Espervier (Compte, *Ibid.*, 1396). — 22 janvier 1450 n. s. Testament du duc François Iᵉʳ; y sont nommés l'évêque de Sᵗ-Brieuc et « Jehan l'Espervier, premier president de nos comptes et nostre aumosnier. » (D. Mor. *Pr.*, ɪɪ, 1519 et 1520).

Si les preuves qui précèdent n'étaient surabondantes, nous pourrions dire encore que L'Espervier n'a été témoin d'aucune lettre de Jean V avant celles où il paraîtrait comme évêque de Sᵗ-Brieuc, tandis que Prégent figure très souvent depuis 1429 au bas des actes du souverain : sous son nom, comme archidiacre d'Acre, puis comme évêque de Léon, et que ce dernier titre, (qui sous son successeur cessera de devenir fréquent), fait place sans lacune au titre d'évêque de Sᵗ-Brieuc, précisément vers le mois de février 1439, date du début de l'épiscopat de Prégent. Il faudra donc se résoudre à retrancher désormais des listes de Sᵗ-Brieuc le nom de Jean l'Espervier.

gneurs de S¹ Estienne de Montluz, et d'une autre ysle nommée Quiriolle aient acoustumé tirer et faire tirer leurs fains et levées par une chaussée et charreau que l'on appelle communement la Chaussée aux moennes de Buzay ; pour avoir lesquelx pas et yssues au regart de lad. vallée de Vigneu, ceulx abbé et convent, en recongnoessance du plaisir que leur faisoint les seigneur et damme de Vigneu, en tant qu'ilz passoint par leurd. vallée, combien que la plus part ne soit que leur fié et que le dommaige ou interest, s'aucun estoit, appartendroit mieulx à ceulx qui sont heritiers et tenuers des prez d'icelle vallée que au seigneur du fié, avoint acoustumé leur donner et envoier communement un meis de poisson ou autre chose assez de petit coustaige ; et ceulx seigneur et damme de Vigneu, ès temps passez, voians que pour led. pas eulx ne leurs hommes n'avoint aussi [...]¹ point de domaige, pour ce que la trecte de leurs fains ne se fait jucques ad ce que les prez de lad. vallée de Vigneu soint fauchez et abiennez, s'en sont passez bien legierement [...] gracieusement ; et au regart dud. pas de Quiriole avoint acoustumé ceulx religieux tirer et faire tirer leursd. faings et levées par lad. chaussée et charreau [...] aux moenes, en poyant à lad. seigneurie de Vigneu vignt soulz de rente qu'ilz en doyvent, et de quoy ilz ont tousjours continué la possession [...], ainsi qu'il est chose toute notoire en la partie ; ce neantmoins, et que lesd. religieux qui sont fondez de nous et lesd. ysles partie de leur dotacion, [...] nostre sauvegarde, eulx et leurs possessions, Guillaume des Rame, s⁰ dud. lieu de Vigneu, s'est avancé puis deux ou trois ans encza à empescher, par voye [de fait et] à port d'armes et autrement, lesd. religieux et les marchans qui avoint achaté les levées de leursd. ysles, de les tirer, enmener et charroier [...] et yssues, en menaceant eulx et leurs marchans de leur faire villenie et desplaisir s'il les y trouvoit cherreant ; par cause desquelles menace, [voye] de fait et empeschemens, lesd. religieux ont esté endomaigez au montement de cinq cens l. et plus..., que mesmes de ce qu'il leur a convenu, pour eschiver plus grant domaige..., appointer o led. des Rame à grosse somme de finance..., qu'estoit maniere de ranczon et exaction exquise torczonierement... Pour ce est il que nous... vous mandons... que vous congnoessez de la cause et du proceix que entendent movoir ceulx religieux vers led. des Rame et sa femme et autres qu'ilz vouldront poursuir, en decidez, sentenciez et determinez... aux jours de nostre aloise de Nantes ou autres que vouldrez mettre et assigner ausd. parties, sens atendre ne avoir esgart à l'assignacion de noz plez generaulx...

Par le duc, à la rellacion du conseil. — P. HALOUART. »

2472

Promesse du duc de s'employer à la conclusion de la paix entre la France et l'Angleterre.

Orig. scellé en cire rouge sur s. q. du sceau n⁰ 4 (Ar. nat., K 66, n⁰ 17).

1441, 6 mars. — « Jehan... A touz..... salut. Comme pour honeur et reverence de Dieu, obvier à effusion de sang humain et relever le peuple d'oppression, il ait pleu Mˢʳ le roy entendre à paix generalle des deux royaumes de France et d'Engleterre, et ordonner que beaux frères les ducs d'Orlians et de Bourgoigne et nous en fussons mediateurs, Savoir faisons que, pour le grant desir et entiere affection que avons aud. bien et de obeir à lad. ordonnance de Mˢʳ le roy, nous avons promis et promettons par ces presentes, tenir tout ung chemin fermement, sanz departir en la con-

---

1. A partir d'ici un fragment du parchemin ayant été rongé, il en est résulté plusieurs lacunes.

duite, conclusion et bien d'icelle matiere, avecques lesd. beaux frères, à la louange et gloire de
Dieu, l'oneur de mond. s^{gr}, proffit et utilité desd. royaumes et de tout le peuple christian. Et
s'aucuns s'avançoint à perturber ne empescher la conduite ou conclusion dud. bien, ou à l'occasion
de ce ou autrement en quelque maniere ou pour quelconque acheson que ce soit, s'efforçoint courir
sus ou porter grevance et domage à nosd. beaux frères, leurs seigneuries, pais et subgiz, ou l'un
d'elx, ou aux personnes, terres et seigneuries d'icelx qui aud. bien de paix se sont adherez et aliez,
ou se adhereront ou alieront avecques elx et nous, et de ce nous ont baillé ou bailleront leurs
seellez, nous les empescherons et debouterons, et aiderons à nosd. beaux frères et ausd. adherez
et aliez, de tout nostre povoir, toutes foiz que saurons led. domage, ennuy, destourbier ou empeschement, ou que requis en serons, envers touz et contre touz qui povent vivre et mourir, et ne
ferons autre aliance avec quelconque personne sans le consentement l'un de l'autre. Et ce promettons en parolle de prince fermement tenir et acomplir de point en point, sans jamais encontre
venir, et tout sans dol, fraude, barat ne mal engin. Donné soubz nostre seel, le vi^e jour de mars
l'an mil cccc quarante.

JEHAN. — Par le duc, de son comandement. — GODART. »

2473

Anoblissement et franchise pour Guillaume Quilly.

Vidimus du 1er avril 1441 (Ar. L.-Inf., B, Anobl. et franchises).

A Nantes, 1441, 13 mars. — « Jehan... A touz... salut. Comme à nous... appartienne franchir,
etc. Et soit ainsi que Guillaume Quilly, du Fresne, de la parroesse de Caro, ait bonne volenté et
puissance de nous servir en armes et autrement comme les aultres nobles de nostre pays, Savoir
faisons que nous..., en faveur d'aucuns noz proiches serviteurs qui de ce nous ont humblement
supplié et requis..., ennoblissons led. Guillaume Quilly, et le avons, avecques ses hoirs masles procreez de sa char ou à procreer, franchiz... de touz fouages... à jamais perpetuelement ; en deschargeant les deux pars d'un feu du numbre des feux de lad. parroesse... Si donnons en mandement à
noz tresoriers, etc. Et à macre fermeté de ce, nous avons fait meetre et apposer à ces presentes
nostre grant seel en laz de saye et cire vert.

Ainsi signé, Par le duc, de sa main. — Par le duc, de son commandement. — M. COLIN. »

2474

Anoblissement de Jean le Cras et de l'hôtel où il demeure.

Vidimus du 17 oct. 1443 (Ar. L.-Inf., B, Anobl. et franchises).

A Nantes, 1441, 13 mars. — « Jehan... A touz... salut. Comme à nous... apartiene franchir,
etc. Savoir faisons que pour le bon raport qui fait nous a esté presentement de la persone de nostre
subgit Jehan le Cras, de la parroisse de Goumenech, ou diocese de Treguer, homme de bonne
puissance et honeste conversacion ; à la requeste, faveur et contemplacion d'aucuns noz proches
serviteurs qui de ce nous ont très affectueusement suplié et requis..., avons aujourduy... ennobly,

franchy, quitté et exempté led. Jehan le Cras, ses hoirs masles procreez de sa char en loyal mariage, et la maison où il demeure à present, nommé l'ostel au Cras, sisse en lad. parroisse..., de touz fouages... à touzjours mais; en voulent et voulons qu'il et sesd. hoirs soint reillez et gouvernez doresenavant et joissent des previleges de noblesce comme font les aultres nobles de nostre duchié, pourveu qu'ilz nous servent en armes selon leur puissance, à la foiz que ferons noz mendées, comme les aultres nobles de nostre païs. Sy mendons et commendons à noz tresoriers, » etc.; avec décharge d'un demi feu aux paroissiens de Gommenech. « Et afin que ce soit memmoere perpetuel, avons signé ces presentes de nostre main et fait seeler de nostre grant seel en laz de saye et cire vert.

Ainsi signé, Par le duc, de sa main. — Par le duc, de son commendement. — M. COLIN. »

2475

Affranchissement de la Gendronnière pour Guillaume Babouin.

Vidimus des 7 oct. 1444 et 12 sept. 1447 (Ar. L.-Inf., B, Anobl. et franchises).

A Nantes, 1441, 15 mars. — « Jehan... A touz... salut. Comme à nous... appartienne donner franchises, etc. Et soit ainsi que nostre bien amé et feal serviteur Guillaume Babouin l'aisné, nostre varlet de chambre et de garde robbe, ait et lui appartienne ung lieu, herbregement et metaerie appellé la Gendronniere, situé en la parroaisse d'Orvault ou diocese de Nantes, les demourans ouquel lieu aient acoustumé contribuer à tailles et fouaiges, et nous ait supplié qu'il nous plaise de ce les franchir et exempter. Savoir faisons que nous, pour partie de recongnoessance et remuneracion des bons et agreables services que nostred. varlet de chambre et de garde robbe, dès le temps de sa jeunesse, nous a fait continuelement et fait de jour en autre, et au grant service et plaisir qu'il nous fist durant la detempcion de nostre personne prinse traictreusement par Olivier de Blays et ses adherez, où nostred. serviteur fut o nous jusques à nostre delivrance, à laquelle moult nous valut et proufilta..., avons franchi... les demourans de present et ceulx qui pour le temps avenir demourront oud. hostel et herbregement de la Gendronniere; » avec décharge d'un demi feu pour les paroissiens d'Orvault. « Pour quoy mandons et commandons à noz seneschal, alloué et procureur de Nantes, etc. En tesmoing de ce et à greigneur fermeté, pour perpetuel memoire, nous avons signé ces presentes de nostre main et fait seeler de nostre seel en laz de saye et cire vert.

Ainsi signé, Par le duc, de sa main. — Par le duc, de son commandement et en son conseill ouquel: Mgr le comte de Montfort, le comte de Laval, Vous, les evesques de St Brieuc et du Mans, l'official de Nantes, Pierres Ivete et autres estoint. — J. DE TOUSCHERONDE. »

2476

Analyse (Bibl. nat., ms. fr. 22331, fo 70, no 393).

1441, 15 mars. — Mandement du duc aux gens des comptes de mettre en décharge Jean de Cleuz, garde robier, de quantité de draps pour habillements « inutiles et ennuyeux à reciter, faudroit une page » (sic). — Par le duc. — BABOUIN.

2477

Mention dans un compte de Mauléon, trésorier de l'épargne (D. Lob. II, 1038; D. Mor. *Pr.* II, 1271).

1441, 16 mars. — Mandat de paiement « au duc d'Orleans, à valoir sur la somme de xxii mille escus neufs en laquelle le duc (de Bretagne) s'est obligé pour le duc d'Orleans vers le roy d'Angleterre, (lesd. xxii mille escus neufs vallant en monnoye xxvii mille cinq cens l.), la somme de vi mille petits escus qui vaudra au duc vi mille escus neufs, pour ce qu'ils furent poyez à Nantes et qu'il n'y eut point de change à les porter en Angleterre. »

2478

Évocation au conseil du duc d'une cause entre celui-ci et la comtesse d'Étampes.

Vidimus du 31 mars 1441 (Ar. L.-Inf., E 30; anc. Tr. des Ch. J. F. 26).

« A la Touche preis Nantes », 1441, 17 mars. — « Jehan... A noz seneschal, alloué, prevost et procureur de Nantes et à leurs licutenans, salut. Comme, puix naguieres de temps, nous eusson prins et saesi en nostre main les troys quintes parties des chastelenye et richesse de Ranroait, emsemblement o la jurdicion, fons, levées et revenues d'icelles troys quintes parties, pour certaines et justes causes plus à plain declerées en noz lettres patentes sur ce données, se adressentes à nostre chier et bien amé conseiller Pierres Josso, pour nostre mise main enteriner; et lequel comissaire se feust transporté esd. lieux et reellement et deffait, pour et ou nom de nous, en eust prins la pocession. De la partie de nostre procureur general nous a esté de present exposé que, en excutant nozd. lettres, nostre très chiere et très amée seur la comtesse d'Estampes, en son nom et comme tutrixe et garde de nostre très chier et très amé nevou le comte d'Estampes son filz et de ses aultres enffens, et nostre chier et bien amé cousin et feal Franczoys, sire de Rieux et de Rocheffort, se sont plegez et oppousez, par nostre court de Nantes, savoir est, celuy sire de Rieux contre nostre très chier et très amé filz et feal le comte de Laval, de non le troubler ne impescher sur la pocession et seignorie de Accrac ou Ranroait, estante ès fiez de nostred. court de Nantes ycelle terre, ne aulcune quantité d'icelle ne les revenues prandre ne saesir en nostre main ne en la main de nostred. filz, y mectre ne instituer officiers à prandre ne lever les revenues d'icelle terre ne aulcune quantité d'icelle en aulcune maniere ; et ycelle nostred. seur contre *Pierros Josso*, mestre Gilles le Bel, Jehan de la Fouaye et Jehan Paqueau, comme commis de par nous affin de prandre et acuillir la pocession et saesine des troys quintes parties de la terre et chastelenie de Ranroait, et de y tenir et faire tenir et excercer court et jurdicion..., sellon que plus à plain est contenu ès plegemens dessusd.; par cause desquelx, plusieurs contens, debaz et grans involucions de proceix s'en peust ensuir en noz barres et cours ordinaeres entre nostred. procureur et les parties dessusd., qui tant sont noz prouches et affins..... Pour quoy... voullons et ordonnons ycelle cause estre decidée, sentenciée et determinée davent nous et nostre consseill, en evocant et evocons toute la cognoessance et dicision d'icelle..... Et au regart de l'office de la recepte desd. choses par nous saesies, en laquelle avions aultresfaiz commis et institué Jehan Paqueau, nous y avons presentement commis et institué Jehan de la Fouaye pour en recevoir les deniers soubz nostre main.....; en revocant et destituant led. Paqueau et Jehan Rouxeau et touz aultres qui de par avent ces heures y auront esté mis et instituez de par nous.

« Ainxin signé, Par le duc, de sa main. — Par le duc, de son commandement, presens : M⁰ʳ le comte, M⁰ʳˢ Pierres et Gilles et plusieurs aultres. — PERRODIC. »

2479

Franchise de fouages pour Eon et Jean Hervé.

Vidimus du 16 août 1442 (Ar. L.-Inf., B, Anobl. et franchises).

A Nantes, 1441, 20 mars. — « Jehan... A touz... salut. Savoir faesons que..., en faveur de nostre bien amé et feal escuier et enffant de chambre Allain le Prevost, qui de ce nous a très humblement suplié et requis, avons franchi... noz subgiz Eon Hervé et Jehan son filz, de la parroesse de Gueel (Guer), de touz fouages..., durant leur vie seulement, tant pour les services et plessirs qu'il a faiz et fait à nostred. escuier que pour aultres causes et conciderracions qui ad ce nous aont esmeuz. Si donnons en commandement à noz seneschal, alloué et procureur de Plermel, » etc. ; avec décharge d'un feu aux paroissiens de Guer.

Ainxi signé, Par le duc, de sa main. — Par le duc, de son commandement. — M. GAULTIER. »

2480

Ordre de réassigner G. de Plusquellec et autres défaillants [1].

Orig. non scellé (Ar. Côtes-du-Nord, H, f. de l'abbaye de Bégard).

A Ploërmel, 1441, 21 mars. — « Jehan... Savoir faisons que en cestes noz presentes assignences, à l'instance de nostre procureur general et de Jehan Douçay, procureur general approuvé des abbé et covent de N. D. de Begar, de Guillaume le Balch, Jehan Tubal, Guillaume Nicollas et Yvon Kerguinio, nous avons fait odiencer et appeler Hamon Dieran, Jehan le Barbier, dom Jehan le Bleiz, les varletz de messire Guillaume de Plusquellec ; et pour ce qu'ilz ne l'un d'elx ne se comparurent, combien que led. chevalier deist que tel ajournement que lesd. desurd. et chascun d'eulx avoint, estoit par lui, et en tant offrit à les deffandre ; quel ne avons ad ce aucunement receu, pour ce que desd. procureur general et Douçay, esd. noms, fut dit qu'ilz avoint ajournement à comparoir en personnes à cestes asingnences ; par quoy ce trouvant, les avons jugez et jugeons deffaillans contre lesd. nostre procureur general, Jehan Douçay et chascun esd. noms, sur le fait de avoir prins lesd. Balch, Tutual, Nicollas, Kerguiniou et chascun d'elx, hommes desd. abbé et covent et de leurs biens, leur fait pleusers exceix, et fut trouvé que lesd. desurd. deffaillans avoint ajournement par relation de Guillaume Penhoet, nostre sergent, contenant estre singné de sa main, du sept⁰ jour de cest present moys, contenant que par vertu du mandement de nostre president, il

<hr>

1. Cf. nᵒˢ 2388, 2422, 2431, 2449.

2

avoit ajourné messire Guillaume de Plusquellec, ch^{er}, Hamon Dieran, Jehan le Barbier, dom Jehan le Bleiz et les varletz dud. ch^{er} et chascun à comparoir en personnes à cestes nosd. asingnences, respondre à nostred. procureur general, auxd. abbé et autres desurd. Sur laquelle deffaille mandons à noz sergens et chascun rajourner lesd. desurd. et chascun d'elx comparoir en personnes à noz procholenes asingnences, respondre à nostre procureur general, abbé et covent et autres desurd., en faisant deue relacion dud. ajournement.

Par le duc, à la relacion du conseill, tenant les generalles asingnences. — ESTIENNE. »

2481

Anoblissement d'une maison en la ville close de Quintin.

Vidimus du 24 avril 1442 (Ar. L.-Inf., B, Anobl. et franchises).

A Nantes, 1441, 25 mars. — « Jehan... A noz tresoriers, receveurs,... de ce present impost... salut. De la partie de nostre bien amé et feal escuier Charlles du Liscquoet nous a esté presentement en suppliant exposé comme à noz mandemans et assemblées de gens d'armes, non obstant qu'il est juveigneur, s'est trouvé monté et armé en bon apparaill et abillement, et tant au recouvrement de nostre personne à Chantouceaux où il fut blecé et navré, comme au païs de Normandie où il fut prins en nostre service et prisonnier aux Angloys ; à cause de laquelle prison et pour sa rençon lui convint paier très grant nombre de finance dont il est encore debtour et obligé en la plus grant partie envers plusieurs personnes, en oultre la bleçure et empirement de son corps qui fut plaié et navré moult cruelment, et touzdis encores est prest à nous servir à la foiz que besoign sera. Et soit ainsi que puis nagueres nostred. escuier, par l'avisement d'aucuns ses parans et amys, eust acquis une mayson en la ville close de Quintin, en laquelle il a volunté de faire et tenir taverne par ses clers et serviteurs pour en avoir aucun proufit, neantmoins que ès temps passez n'a esté aucunement taverne mise ne tenue en icelle maison par lesd. Charles ne par autres quilxconques, ainczois a esté et est reglée et gouvernée noblement; en nous suppliant très humblement, entendu les bons services que faiz nous a et le bon espoir et volunté qu'il a de nous faire ou temps avenir, qu'il nous plaise de nostre grace lui franchir sad. maison de touz taillées..., et oultre lui donner et quicter le devoir de trante pippes de vin qu'il fera vendre en lad. maison, par chascun an en perpetuel et ou temps avenir, sens aucune chose en paier à cause de ce. Savoir faisons que nous, eu esgart ès pertes qu'il a eues par les causes dessurd., ès bons et loyaulx services qu'il nous a faiz, et moismes à la contemplacion et requeste de nostre très chier amé cousin et feal le sire de Quintin, auquel led. Charles est parant, et lequel nostred. cousin nous a de ce prié et requis, à icelui Charles avons donné... le devoir à nous deu et appartenant de l'impost de trante pippes de vin que par chascun an sera vendu en sad. maison..., en perpetuel...; et lad. maison et les demourans en icelle franchi, ennobly et exempté... de touz aides... en perpetuel. Si vous mandons, etc. Et pour valoir en perpetuel, nous avons signé ces presentes de nostre main et fait seeller de nostre grant seau en laiz de soye et cire vert.

Ainsi signé, Par le duc, de sa main. — Par le duc, de son commandement, presens : Vous, l'evesque de St Brieuc, le sire de Ploeuc, messire Henri du Chastel et autres. — J. DE GUERGUEZENGOR. »

2482

Procuration pour faire alliance avec l'Écosse.

Orig. jad. scellé sur doubles queues des sceaux de Jean V et de son fils (Ar. L.-Inf., E 12 ; anc. Tr. des Ch. H. D. 40).

A Redon, 1441, 12 avril. — « Jehan... A touz... salut. Savoir faisons que nous consideranz les amitiés, alliances et confederations que toustemps ont esté entre les princes de bonne memoire, que Dieu absole, roys et ducs d'Escoce et de Bretaigne, et leurs subgitz les habitánz desd. pays, et mesmes entre le roy derroin decedé, que Dieu absole, et nous ; pour les desirs que avons de y perseverer de nostre part, confianz à plain ès sens, leauté et proudommie de noz bien amez et feaux chambellain et conseilliers messire Jehan Hingant, cher, messire Jaques de Pencoedic, docteur en droiz canon et civil, maistres Françoys Dortonne et Robert Ferré, docteurs en medicine, iceulx... ordennons, par ces presentes, noz ambasseurs, procureurs et messages, quant à traicter, conclure, promettre et jurer telles alliances et confederations que bon leur semblera, pour nous et noz successeurs, pays et subgez, avec nostre très cher et très amé cousin le roy d'Escoce, pour lui et les siens. Et mesmes, pour l'amour que avons à nostred. cousin et sa maison......, envoyons nozd. ambasseurs pour traicter le mariage de nostre très cher et très amé ainsné filz Françoys, conte de Montfort et ser de Foulgeres, avecques belle cousine la seur puisnée dud. roy, se c'est leur plaisir d'y entendre ; auquel nostred. filz avons donné noz auctorité et consentement quant à establir ses procureurs quant à traicter led. mariage et faire toutes et chascune les choses qui ensuivent ; lequel nostred. filz, de noz auctorité et consentement que dessus, a constitué et constitue par ces presentes, nosd. conseilliers... ses ambasseurs, procureurs et messages generalx et especialx... quant à traicter led. mariage, et aussi des pars, portions et avenans de lad. seur et pour le dot dud. mariage, et toutes autres choses ou traicté convenables, requises ou necessaires ; et, de la part de nous et de nostred. filz, traicter du douaire pour lad. seur dud. roy, se elle seurvesquiroit nostred. filz... Donné en nostre ville de Redon, tesmoign nostre seel, le xiie jour d'avrill, l'an mill cccc quarante, avant Pasques. Et avons à nostred. fils à cez presentes fait aposer son sceel.

(Sur le repli) Par le duc et Mer le conte son aisné fils, et en leur conseill. — CADOR. »

2483

Promesse du duc de s'employer à la conclusion de la paix entre la France et l'Angleterre.

D. Morice, Pr. II, 1327-1328, d'après l'orig. communiqué par dom Durand[1].

A Redon, 1441, 12 avril. — « Jehan... A tous... salut. Comme pour honneur et reverence de Dieu, obvier à effusion du sang humain et relever le peuple d'oppression, il ait plu à Mer le roy

---

1. L'orig. autrefois aux Archives nat. parmi les titres des ducs de Bourbon, sous la cote P 1359¹, n° 645, est actuellement en déficit (Titres de la maison ducale de Bourbon, édit. Lecoy de la Marche, t. II, n° 5638).

D. Morice place à tort ce document parmi ceux de l'année 1440. A priori, il est vrai, une lettre du 12 avril 1440 sans la mention avant ou après Pâques, comme c'est ici le cas, pouvait être attribuée à 1440 aussi bien qu'à 1441 ; mais la date des événements auxquels il est fait allusion dans la pièce aussi bien que l'itinéraire de Jean V, qu'on sait d'ailleurs s'être trouvé à Dinan le 12 avril 1440 et à Redon le 12 avril 1441, ne laissent aucun doute à cet égard.

entendre à paix generale des deux royaumes de France et d'Angleterre, et ordonner que beaux frères d'Orleans et de Bourgogne et nous en fussions mediateurs ; et soit ainsi que pour le bien et entretenement de lad. paix, se soit tenu et adligué avec lesd. beaux frères et nous, nostre beau cousin le duc de Bourbon... Savoir faisons que... nous promettons tenir tout bon chemin fermement, sans departir en la conduite et bien d'icelle paix, avec lesd. beaux frères et nostred. beau cousin de Bourbon, ainsi ajoint avec eux et nous...

Signé, Jehan. — Par le duc, de son commandement. — LE CLERC. »

2484

Mandement de maintenir J. de la Fouaye comme receveur de Ranrouet.

Copie du XVᵉ s. sur papier (Ar. L.-Inf., E 30; anc. Tr. des Ch. J. F. 26).

« A la Breteische, » 1441, 24 avril. — « Jehan... A noz seneschalx, allouez, prevosts et procureurs de Nantes, de la Rochebernart et des terres de Ranrouet et d'Acerac, et leurs lieutenans, salut. Pour ce que de la part de nostre bien amé et feal serviteur et secretaire Jehan de la Fouaye, nous a esté de present en complaignant exposé que, combien que aultresfois par avant ces heures, nous eussons institué, commis et ordonné yceluy expousant receveur et leveur des fruiz, levées et revenues quelxconques desd. terres, et affaire la levée et recepte d'icelle, au desir de noz lettres et mandemens sur ce faitz, recours à yceulx; Ce neantmoins, un nommé Guillaume le Rousic, Jehan Rouxeau, maistre Pierres de la Barrillere, se disans procureurs et officiers des sire et damme d'Estampes, et autres noz subgitz ont mis et donné, et uncore s'efforcent meptre et donner aud. exposant troble et empeschement sur le joissement desd. receptes et levées, et deffait l'ont empesché et empeschent de jour en aultre, en très grant prejudice de nous et dud. exposant, à quoy desirons pourvoir..., vous mandons... lesser joir led. Jehan de la Fouaye..., à la paine de mil escus d'or...; sauff ausd. sire et damme d'Estampes... à venir davant nous et nostre conseil dire et remonstrer leurs droitz et roisons, s'ilz voyent l'avoir affaire... Et voulons que ad ces presentes non seellées pour l'absence de noz seaulx, soit ajoustée plainiere foy, comme si elles feussent seellées.

Ainsi signé, Par le duc. — Par le duc, de son commandement, presens : le sire de Chasteillon, l'abbé de Beaulieu, Yvon de Rosserff, messire Henri de Chasteau [1] et autres. — BAUDOUIN. »

2485

Pouvoirs de receveur, sénéchal et procureur de Ranrouet pour Guillaume le Rousic et Jean le Bouteiller.

Vidimus du 24 mai 1441 (Ar. L.-Inf., E 156; anc. Tr. des Ch. J. F. 26).

A Redon, 1441, 5 mai. — « Jehan..... A noz seneschal, alloué et procureur de Nantes....., salut. Comme par avant cestz heures, pour aucunes causes ad ce nous movans, eussons prins et saessi en nostre main les trois quintes parties de la terre de Ranrouet et commis par noz lettres patentes,

1. Le même vraisemblablement qu'Henri du Chastel témoin des nᵒˢ 2481 et 2503.

juges, receveurs et officiers pour la juridicion d'icelle terre excercer et faire les receptes ; contre lesquelles noz lettres et noz commis par icelles se feust nostre très chiere et très amée seur la contesse
d'Estampes, en son nom et comme ayant la garde et gouvernement de nostre très chier et très amé
nepveu le conte d'Estampes et de ses autres enffens, plegée et oppousée. Et depuix, à la venue que
a fait nostre très chier et très amé frère le duc d'Orleans en nostre ville de Nantes, qui en faveur
de nostred. seur et nepveu nous parla de la cause, avons appointé et ordrenné que les receptes et
revenues de lad. terre se feroint soubz nostre main par nostre bien amé et feal Jehan Rouxeau, quel
en garderoit les deniers et revenues sanz aucune chose en bailler à nous ne à autres quelxconcques,
sauff atourner à qui estre devroit et jucques autrement en eussons ordrenné, selon et au desir de
noz lettres sur ce faictes, esquelles nous rapportons ; et soit ainsi que puix nagueres, par inaver-
tance ou autrement, nous eussons ordrenné Jehan de la Foaye pour en faire les receptes [1] ; Savoir
faisons que nous, desirans entretenir l'appointement que feismes o nostred. beau frère le duc d'Orleans, et les lettres sur ce faictes sortir leur effect..., avons aujourduy uncores de novel commis et
ordrenné nostre bien amé Guillaume le Rousic pour en faire les receptes et en garder les deniers
soubz nostred. main, sens aucune chose en bailler à nous ne à autres, et ad ce y trecter et gouverner selon la forme de noz lettres sur ce autresfoiz données, lesquelles ratiffions..., et deppousons
led. de la Foaye et touz autres y mis par avant cestz heures ; et pour la juridicion excercer, avons
commis nostre bien amé et feal conseiller Jehan le Bouteiller pour seneschal, et led. le Rousic pour
procureur.....

Ainsi signé, Par le duc, escript de sa main. — Par le duc, de son commandement, presens : le
grant maistre d'ostel, le sire de Pleouc, Jehan Labbé, [Pierres de la] Marzeliere et autres pluseurs·
— J. DE GUERGUEZENGOR. »

2486

Lettres d'apanage pour Arthur de Bretagne, frère de Jean V.

Orig. scellé : 1º, en cire verte sur lacs de soie verte du sceau nº 2 de Jean V ; 2º, en cire rouge sur double
queue du sceau de François son fils (Ar. L.-Inf., E 3 ; anc. Tr. des Ch. G. B. 8).

1441, 6 mai. — « Jehan... A touz... salut. Comme autresfoiz, par noz lettres dabtées le vingt et
quatreyesme jour d'aougst derroin passé, en actendent faire assiete à nostre très chier et très amé
frère Artur de Bretaigne, du numbre de cinq mill l. de rante que luy devions assoirs et bailler pour
partie de son droit, Nous eussions voulu et consenti bailler, dès le temps dessus dabté, à nostred.
frère la somme de troys mill l. de rante de levée, pour gaige et seurté de son assiete luy estre faicte,
selon la teneur de noz lettres precedentes ; pour lesquelles troys mill l. de rante luy avions baillé
et transporté, dès le temps dessusd., les terres et chastellenies de Lennyon, avecques le port et
havre dud. lieu et autres portz et havres de lad. chastellenie, appartenences et appendences, prouffiz et revenues d'icelle et desd. havres appartenanz à lad. recepte de Lennyon ; et auxi la terre et
seigneurie d'Avaugour en Dinanmoys, sanz y comprandre ce que en estoit en la cloustre de lad.
ville de Dinan ; et oultre ce, le nombre de troys cens trante l. de rante que autresfoiz avions aquises
de feu Gilles, sire de Rays, sur la terre et chastellenie de Bourgeneuff en Rays, o certaines condi-

1. Voy. ci-dessus nᵈ 2478 et 2484.

cions, reservacions et modifiacions plus à plain specifiées et declerées en nozd. lettres dabtées dud. xxiiiime jour d'aougst, sur ce données à nostred. frère, esquelles nous nous rapportons et sanz aucunement deroger à ycelles. Savoir faisons que aujourduy, nous, en la presence et consentement de nostre très chier et très amé filz Franczoys, conte de Montfort, de nostre part, et mestre Jehan de Chasteaugiron et Henri de Launay, pour et ou nom de nostred. frère, ont esté faictz, passez et acordez les contractz, convenens, trecté et appointement qui ensuivent : C'est assavoir que lesd. de Chasteaugiron et de Launay, ou nom de nostred. frère, pour luy et ses hers, ont baillé, delaissé et transporté à nostred. filz, pour luy et les siens, lad. terre d'Avaugour en Dinanmoys, appartenences et deppendences d'icelle, avecques lesd. troys cens trante l. de rante que baillées luy avions sur la terre et chastellenie de Bourgeneuff en Rays, tout ainsi et par la forme et maniere, sanz charge ne diminucion, que baillées les avions à nostred. frère et sanz riens y retenir ; parmy ce que nous, en la presence et du consentement de nostred. filz, baillons et transportons à nostred. frère la proprieté des terres, chastel, chastellenie et seignorie de la Benaste, o toutes et chascune leurs appartenences et appendences, tant en fié que en demaine, et tant rantes par deniers, juridicions, hommes, hommaiges, rachatz, seignorie et obboissance, terres, prez, boays, estangs, moulins, revenues de blez et de vins, que touz autres droiz heriteulx et seignorielx quelxconques, ensemblement o touz les droiz et interestz qui en deppendent et pevent deppandre, jucques à la valleur de mill l. de rante ; et voullons qu'il en joisse tout ainsi et en la maniere qu'il povoit et devoit faire desd. terres d'Avaugour et troys cens trante l. de rante, selon la teneur de nozd. lettres, o les charges seullement des rantes anciennes qui deues estoint sur celles terre et chastellenie de la Benaste au temps du deceix de deffunct Jehan de Craon, s^r de la Suze, et ainsi en la forme et maniere que celui Jehan de Craon tenoit lad. terre au temps de son deceix et deparavant ; et que d'icelles terres il puisse, par luy et ses officiers, les homaiges recevoir et y mectre et instituer officiers, ainsi que faire le peut esd. terres lui transportées pour troys mill l. de rante, sellon la teneur de nosd. lettres.....; à ceste loy que à toutes et quantesfoiz que nous, nostred. filz ou noz heritiers luy baillerons et ferons assiete desd. mill l. de rante ou partie d'icelles, au desir de nosd. lettres, que par autant que lui en assierrons ou lui baillerons finance pour rante acquerir, de laquelle serons acertainez qu'il la y emploiera, nous, nostred. filz et nozd. heritiers pourrons avoir et recouvrer lesd. terres de la Benaste jucques à la valleur de ce que luy poierons, pour acquerir ou assoirs hors nostred. duché; ainsi dit que si en diminuant led. gaige, nous, nostred. filz ou heritiers lui faisions aucune assiete, au desir de ses lettres, et nous la luy feissons telle que elle ne suffisist au racquit du tout d'icelle, que neantmoins celle assiete que ainsi luy ferions, nostred. frère demeurra saesi et possesseur du tout d'icelle terre, jucques à ce que entierement l'ayons raquitée, sauff à nous, nostred. filz ou heritiers à estre poiez par la main de son receveur, de tant comme luy aurons assis, tout ainsi et en la forme qu'est declaré par nozd. lettres, des autres terres lui baillées pour lesd. troys mill l. de rante.....; est dit, octroié et acordé par exprès de la part de nous et de nostred. filz ès gens de nostred. frère, pour ce que nostre très chiere et bien amée cousine Anne de Scillé, veuve dud. feu missire Jehan de Craon tient lad. chastellenie par douaire, par quoy nostred. frère, des usefruictz ne pourroit presentement joir, nous et nostred. filz promectons luy en faire avoir le joissement entierement, en fons et levées, et mectre touz empeschemens qui y sont et pourroint estre, tant à cause dud. douaire que autrement, hors dedans Pasques prouchaines, et si plus toust le povons faire, dès incontinent nostred. frère en joyra. Et au regart de la forteresse dud. lieu, qui est en la main de nostred. filz, dès à present la a baillée à nostred. frère, en la personne dud. de Launay, quel en aura le gouvernement et la tendra ou nom de nostred. frère. Et si dedans led. temps de Pasques, ne povyons faire fin avecques lad. doairiere, en maniere que en peussons recouvrer de elle l'usefruict de lad. terre lui appartenant par douaire, nous, incontinent led. temps passé, luy baillerons, promectons et nous obligeons, et promect et s'oblige nostred. filz bailler, selon la forme desd. precedentes lettres, à nostred. frère, terre ailleurs vallante mill l. de rante. Et, durant led. temps, promectons et nous obligeons, a promis et s'est obligé nostred. filz, soubz l'obligacion et ypotheque de touz et chascun noz biens et les siens, faire poier nostred. frère par la main des chastellains et receveurs de Bourgeneuff en Rays et de Princzay, mill l. chascun an, par les quartiers de l'an, ainsi que le temps escherra, et à Jehan le Roy, à present chastellain et receveur desd. lieux, et à celx qui durant celi temps le seront, mandons et commandons, et mande et commande nostred. filz ainsi les poier à nostred. frère..... En tesmoign de ce et affin que ce soit chose ferme et estable, nous avons fait mectre et apposer à ces presentes nostre seel en laz de saye et cire vert, et aussi y a nostred. filz apposé ses saign manuel et seel, le vi⁰ jour de may, l'an mil cccc quarante ung.

PAR LE DUC. — FRANCZOIS. — (Sur le repli) Par le duc, de son commandement et en son grant conseill. — DE VAY. »

2487

Franchise de fouages pour Perrine Séjourné et son fils.

Vidimus du 1ᵉʳ février 1442 (Ar. L.-Inf., B, Anobl. et franchises).

« Au Pleseiz l'Abé », 1441, 13 mai. — « Jehan... A touz... salut. Savoir faissons que aujourduy, a la requeste d'aucuns de noz prouches serviteurs..., par ces presentes franchissons, quitons et exemptons Perrine Sejourné, veufve de defunt Estienne Hus, avecques son filz ainzné, et à present demourans en la parroesse de Guichen, en l'eveschè de S¹ Malou, de touz fouaiges..., à jamès en perpetuel ; en rabatant... demi feu du numbre des feuz où ils sont à present contributiffs à nosd. fouaiges et aides. Si mandons à noz tresoriers, etc.

Ainsi signé, Par le duc, de sa main. — Par le duc, de son commandement. — JEHAN BABOUIN. »

2488

Anoblissement de la Liotaye en faveur de Jamet Dignes l'aîné.

Vidimus du 31 mai 1441 (Ar. L.-Inf., B, Anobl. et franchises).

A Redon, 1441, 20 mai. — « Jehan... A touz... salut. Comme à nous... appartienne ennoblir, franchir, etc. Et soit ainsi que par aucuns de noz escuiers nous a esté fait rapport que nostre amé subgit Jamet Dignes l'eisné, de la parroaesse d'Ercé, est homme de bonne vie et honneste conversacion, puissant et bien disposé de nous servir en noz affaires, suppliant qu'il nous plese voulloir ennoblir lui et ung sien hostel et herbregement nommé la Liotaye, estant en lad. parroaesse d'Ercé en l'eveschè de Rennes, et quicter de touz fouaiges... Savoir faissons que nous, ouy led. rapport qui dud. Jamet nous a esté fait par nosd. escuiers et serviteurs, et mesmes consideré les bons, loiaulx et agreables services que nostre bien amé serviteur Macé Dignes son fils aisné, nostre varlet de

chambre nous a faitz et fait...; et mesmes a nostred. serviteur et varlet de chambre intencion de
resider et faire sa demourance en aucun temps en icelui hostel et herbregement; pour lesd. causes,
avons aujourduy... icelui Jamet, sond. filz et leurd. maison ennobli..., et exemptons les demourans
en icelle... à jamès perpetuellement de touz fouaiges...; voullans qu'ils joissent elx et leurs subcesseurs, chascun en son temps, en perpetuité, des previlleges de noblesce ainsi que les nobles de
nostre pays le font, et qu'ils nous serviront en noz guerres et affaires, et... rabatons ung feu... Si
donnons en mandement à noz cappitaine, seneschalx, allouez et procureurs de Rennes, etc. En
tesmoign de ce pour valloir en perpetuel, nous avons signé cestes noz presentes de nostre main et
fait sceller de nostre seel en laz de saye et cire vert.

Ainsi signé, Par le duc, de sa main. — Par le duc, de son commandement, presens : l'evesque
de St Brieuc, l'abbé de Ruys, le sire de Ploeuc, Pierres de la Marzeliere et pluseurs [autres]. —
J. BABOUIN. »

2489

Analyses (Ar. L.-Inf., E 1478, Invent. des pièces déposées au château de Ranrouet et remises en 1637 aux
religieux de Prières par le marquis d'Assérac. — *Historia monasterii B. M. de Precibus*, chap. v. — Ar.
Morbihan, H, f. de Prières. Invent. de 1705).

A Muzillac, 1441, 29 mai. — Lettres d'anoblissement et de franchise de fouages, guets et gardes
en faveur du maître paludier des marais dépendants de l'abbaye de Prières au terroir de Guérande.
« Signé, Par le duc. — Par le duc, de son commandement. — DE GUERGUEZENGOR. »

2490

Franchise de fouages pour Jean Perriguel.

Vidimus du 29 avril 1442 (Ar. L.-Inf., B, Anobl. et franchises).

« A Theys », 1441, 30 mai. — « Jehan... A noz tresoriers, receveurs generaulx et particulliers
en l'evechè de St Malou, de noz fouages... salut. Comme à nous seullement..... appartiengne franchir,
etc. Savoir faisons que nous, pour le bon rapport qui fait nous a esté de la personne de nostre
subget Jouhen Perriguel, de la parroesse de St Maugant ou diocese de St Malou, et à la supplicacion
et humble requeste mesmes de nostre bien amé et feal escuier Charles Morillon et aultres noz
prouches servicteurs à qui il a fait plusseurs grans plaisirs et services..., franchissons... led. Perriguel
de touz fouages... durant le cours de sa vie tant seulement; en deschargeant... un feu entier pour
led. Perriguel. Si vous mandons, etc.

Ainsi signé, Par le duc, escript de sa main. — Par le duc, de son commandement. — BABOUIN. »

2491

Don à Pierre de Bretagne de 50,000 saluts, à l'occasion de son mariage.

Orig. jad. scellé sur s. q. (Ar. L.-Inf., E 3; anc. Tr. des Ch .H. C. 2). — *Vie de la bienheureuse
Françoise d'Amboise*, par l'abbé Richard, t. I, p. 331-334.

Au château de Succinio, 1441, 3 juin. — « Jehan... A touz... salut. Comme de present, o nostre
licence et assentement, le troetté et consomacion du mariage de nostre très chier et très amé filz

Pierre de Bretaigne et de nostre très chiere et très amée fille Françoise d'Amboyse, aiznée fille, presumptive et principalle heritiere de nostre très chier et très amé cousin le vicomte de Thouars, ait esté acordé de la part de nostred. fils estre fait et acompli ; et soit ainsi que nous, bien acertennez et volans le po de revenue et richesse que nostred. filz a, et les grans charges, mises et coustages que lui convient avoir et porter pour l'estat de lui et de sa compaigne soustenir ; considerans que par heritage, em plus large que son droit lui baille et assix, ne le povons licitement avantager, Nous, desirans son acroissement et à ce qu'il puisse plus honnestement avoir de quoy se vivre et son estat maintenir sellon le hault lieu et noble generacion dont il est, et pour pluseurs autres justes et resonnables causes ad ce nous mouvans, Avons aujourduy, de nostre certain propox et par loial testament et codicille, donné et ottroyé, donnons et ottroyons par ces presentes irrevoquablement à nostred. fils Pierre et ses hoirs et cause ayans, en pur dot, et pour le bien et avancement de sond. mariage, qui par ce moien se fait et acomplist et non autrement, la somme de cinquante mille saluz d'or, de poais de Flourence, ou vingt troys soulz quatre deniers monnoie de Bretaigne, pour chascun salut ; à en estre nostred. fils ou ses hoirs poiez et contentez entierement sur noz biens et revenues mobilaeres, ainsi que enssuist : C'est assavoir que incontinent et au jour des espousailles faictes de nostred. fils et de sad. compaigne, Nous, pour meilleure seurté de sond. poiement, lui baillerons par loiall prisage, par maniere d'engage, de noz joyaulx, vessele d'or, d'argent et bagues de nostre tresor à la valleur de vingt mill saluz dud. poais ; et pour le poiement et satisfacion du parssur, qu'est trante mill saluz, ovec et pour le racquit des joyaulx et bagues dessurd. engagez pour lesd. vingt mille saluz, comme dit est, Nous, dès à present sans revoquacion, avons assigné et baillé, assignons et baillons par ces presentes, ès mains de nostred. fils, toutes et chascune les levées et revenues heritelles, tant ordinaeres que extraordinaeres, comme les rentes de nostre demaine et heritage, portz et havres, brieffz et bris de mer, impostz sur vins et autres bevrages, fouages, taillées, aides et touz autres devoirs et subsides quelxcomques que nous aurons ou pourrons avoir, nous ou noz proches heritiers, en l'evesché de Cornouaille, sans riens à nous en avoir ou retenir, sauff la garde des forteresses et les panssions anciennes deues aux eglises, et les gages des officiers et penssions ordinaeres seullement ; et en tant, l'en avons fait et faisons usefrutier et possesseur à celui tiltre ; en voullant et voullons que icelui nostred. fils, la feste de Touzsains prochaine venue, s'en face entierement poier et contenter ; et si par avant led. terme de Touzsains, nous mettions fouages sus en nostre païs, nous voullons que nostred. fils en ait, joisse et face la levée entierement oud. evesché de Cornouaille par ses officiers qui nous en rendront compte et reliqua, et que les receveurs et officiers qui en feront la recepte y soint mis de par et ou nom de nostred. filz, et qu'il les contreigne à lui en faire le poiement ainsi que bon lui semblera, jucques à ce qu'il soit du tout poié et satisfait desd. trante mille saluz, ovec et que le racquit de nosd. joiaulx, bagues et autres gages soit fait, et lesd. vingt mille saluz pour lesqueulx seront engagez, soient entierement poiez à nostred. fils ; pour lequel racquit faire, avons ordonné et ordonnons, en presence et du consentement de nostred. filz Pierre, que les levées et revenues qu'il fera et aura dud. evesché de Cornouaille, par autant que chascun an pourroit valloir sellon les comptes des officiers qui les recevront, et quelx en compteront chascun an à la chambre de noz comptes, seront emploiées et vaudront moitié sur le racquit desd. joyaulx et gage, et l'autre moitié sur le poiement desd. trante mill saluz ; et led. gage racquicté, nostred. fils ne touchera plus ès levées ordinaeres dud. evesché et ne lui demoura que les levées extraordinaeres seullement, comme impostz, fouages, taillées, aides et autres subvencions dud. evesché ; desquelles levées extraordinaires, il en fera la

3

levée par lui ou sosd. officiers, jucques à ce qu'il soit entierement parpoié du tout desd. trante mille
saluz ; et s'il avenoit par quelque ordonnance, que lesd. extraordinaeres fussent cassez par avant
que nostred. filz soit poié du tout de sad. promesse, nous voullons et ordonnons que par autant
que lui en resteroit à celuy temps, il s'en face poier sur les ordinaeres dud. evesché, lesquelx ordinaeres, oud. cas, lui obligeons et assignons jucques à parpaement de sad. somme ; et tantdis que
nosd. joiaulx et bagues seront à racquicter pour lesd. vingt mill saluz, nostred. filz en sera possesseur et les gardera en une de noz villes de Bretaigne, et par autant qu'il aura ou recevra de finances
chascun an, sellon l'ordonnance dessurd., sur le racquit desd. joyaulx et gage, il nous en rendra et
restituera à l'equipolent et valleur à nostre eslection, sellon le prisage qui en sera fait, et nous en
baillera son obligacion ; et pour led. prisage faire, avons commis pour nous et nostred. filz, Jehan
Pigeon et Herman Kerlinch, orphevres, assemblement, lesquoulx feront led. prisage en presence
de troys des gens de la chambre de noz comptes. Et toutes les choses et chascune en la maniere
que dessur, Nous avons promis et promettons en foy et loiaulté de prince, à nostred. fils, lui
tenir et loiaument acomplir sans jamès aller au contraere. En tesmoign de ce, nous lui avons
baillé noz presentes lettres signées de nostre main et sellées de nostre seel.

PAR LE DUC. — Par le duc, de son commandement, presens : Giles monseigneur de Bretaigne,
Vous, le sire de Chastillon, Yvon de Roscerff, maistre Robert de la Riviere et autres.— MATELIN. »

2492

Analyses (Ar. Morbihan, G, f. du chap. de Vannes. Inventaires).

A Succinio, 1441, 3 juin. — Lettres d'octroi au chapitre de Vannes de cent l. de rente, en plus
des deux cents l. de rente que le duc a données pour la messe de *Requiem* fondée à l'intention de
Jeanne de France, sa femme [1].

2493

Mandement de faire faire le guet au château de Rostrenen.

Orig. scellé en cire rouge sur s. q. du sceau n° 9 (Arch. du Hallay-Coëtquen, C 19).

A Succinio, 1441, 6 juin. — « Jehan... A nostre bien amé et feal conseillier et chambellan Pierres
de la Marzeliere, salut. Comme par le deceix de feu nostre très cher et très amé cousin le sire de
Rostrenen, le chasteau dud. lieu et autres terres et seignories qu'il tient de nous, sont cheues en
rachat et en nostre main, et d'icelui chasteau vous aions institué cappitaine, et combien que
plusseurs noz subgitz obeissans au guet et garde d'icelui en aient fait pocession tant que doit
valloir, ce neanmains avons entendu que plusseurs d'elx ont à present voulu et voullent se rebellez
et reffusez de obeir aud. guet ; Pour quoy nous voullans ad ce pourvoirs, vous mandons et commandons expressement que celx que saurez avoir fait pocession de contribuer aud. guet, vous les
contraingnez ad ce faire reaument et de fait ; et en cas de leur deffaut, opposicion et reffus, nostre
main premier et avant garnie, mandons au premier nostre sergent sur ce requis ajourner lesd.
desobeissans que nommerez, à comparoir en personne devant nous et nostre conseill pour en passer

1. Voy. ci-dessus, n° 2307.

et faire roison ainsi que appartendra ; la cognoessance et decision de laquelle cause avons retenue et retenons par ces presentes, en deffendant à touz autres de non en cognoestre.....

Par le duc. — Par le duc, de son commandement. — O. Guenemar. »

2494

Mention dans un compte de Mauléon, trésorier de l'épargne (D. Lob. II, 1038; D. Mor. *Pr.* II, 1271).

1441, 8 juin. — Mandat de paiement au duc d'Orléans de « mmmd escus neufs, » à valoir sur la somme de 22,000 écus en laquelle le duc de Bretagne s'est obligé pour le duc d'Orléans envers le roi d'Angleterre.

2495

Mention (Invent. *Turnus Brutus*, n° 1373).

1441, 11 juillet. — Lettres de commission à Jean Troussier et à Bretin le Champion pour s'enquérir du nombre des feux de la paroisse de « Morieuc. »

2496

Mentions dans un Arrêt du 22 nov. 1594 et dans un Mémoire du XVIII° s. (Ar. L.-Inf., H 338 et H 344, f. du prieuré de Toute Joie annexé à l'Oratoire de Nantes).

A Montfort, 1441, 19 juillet. — Lettres de franchise de tous fouages, tailles et subsides, octroyées à Bernard le Bel[1], prieur du prieuré de Notre Dame de Toute Joie de Nantes, en faveur du sergent et des vassaux de son prieuré. — « Signé, Par le duc, de son commandement. — Babouin. »

2497

Visé dans des lettres du duc François Ier, du 13 janvier 1443 (Ar. L.-Inf., E 157; anc. Tr. des Ch. O. B. 8).

1441, 25 juillet. — Mandement du duc aux officiers de Rennes et de St-Aubin-du-Cormier de laisser les habitants de Liffré jouir des franchises et privilèges qu'il leur a concédés par ses lettres du 7 octobre 1434 et qu'il confirme par les présentes.

2498

Octroi au profit de l'église St-Pierre de Nantes.

Copie du XVI° s. sur papier (Ar. mun. de Nantes, GG).

« A la Communaye près nostre ville de Rennes », 1441, 28 juillet. — « Jehan... A tous... salut. Comme aultrefolz pour la reparation de nostre ville de Nantes et le bien publicque d'icelle,

---

1. Une seule des mentions, la plus récente, nous fait connaître le prieur en faveur duquel fut octroyée la concession. Elle le nomme Bernard de Belu. Cette leçon est manifestement fautive, car dans plusieurs aveux originaux rendus au prieuré entre 1432 et 1445, un notamment du 7 juin 1441, le prieur est constamment appelé frère Bernart le Bel.

eussions ordonné les mesures à vendre vin par detail, qui lors estoient en nostred. ville et fors-bourgs, estre diminuées et appeticées de la dixiesme partie, pour tourner les deniers d'icelluy appetissement à l'œuvre et reparation de nostred. ville; et pour ce que, par vertu de lad. ordonnance, nostre procureur dud. lieu et aussi le procureur des habitans de lad. ville ont demandé que les chappitre et gens d'eglise qui vendroient vin poieassent le debvoir d'apetissement, sont venuz devers nous iceulx gens du chappitre, ont remonstré que ce leur seroit prejudice poier led. apeticement et contre leurs libertez et franchises de lad. eglise, supplians sur ce nostre provision. Sçavoir faisons que nous... aujourdhuy avons voullu et ordonné, voullons et ordonnons que jucques à quatre ans prochains, les gens dud. chappitre et aultres de lad. eglise, que receuz et vestuz des draps et servans en icelle, qui vendront vins de la creue de leurs benefices par detail, ne les vendront, sinon à lad. mesure d'apeticement, ainsi que font et feront durant led. temps noz bourgeois et subjectz de nostred. ville; pour lequel debvoir d'apetissement, iceulx gens et chappitre et servans en lad. eglise, demeurans au fief de l'eglise, bailleront au receveur et miseur de l'œuvre du portal de Sainct Pierre de Nantes, par chascun desd. quatre ans, la somme de trante livres; et au regard des aultres gens d'eglise qui ne seront des chappitre et eglise de Nantes, comme dict est, et qui vouldroient vendre vin par detail, voullons et ordonnons qu'ilz soient tenuz le faire aud. apeticement, et en poier le devoir pour la reparation de lad. ville ainsi que les habitans d'icelle, sans ce que le puissent contrarier; et ne voullons que par ces presentes soit prejudicié ausd. chappitre et gens d'eglise... Si donnons en mandement à noz senneschal, alloué, provost et procureur dud. lieu de Nantes, etc.

Ainsi soubzsigné, Par le duc. — Par le duç, de son commandement. — GODART. »

2499

Anoblissement et franchise pour Jamet et Jean Ousmont.

Vidimus des 27 mai 1443, 4 déc. 1483 et 8 juin 1546 (Ar. L.-Inf., B, Anobl. et franchises).

A Rennes, 1441, 30 juillet. — « Jehan... A touz... salut. Savoir faisons que comme à nous... apartienne annoblir, franchir, etc. Et soit ainssi de present nostre homme et subject Jamet Ous-mont, de la parroesse de Breal, demorant ou troit de Treffiouc en lad. parroesse, ait marié son filz Jehan Ousmont o Guillemete Guyolle, fille Raoullet Guiolle, natiffve de Morzelle, lequel père est contributiff à foaige; mès, à la priere et requeste de nostre très cher et très amé filz Pierre de Bretaigne, et en remuneracion des bons et agreables services que [nous a fait] nostre bien amé et feal conseiller mestre Jehan Guyolle, nostre seneschal de Plermel et alloé de Nantes, duquel lad. Guillemete est niepce et proche parente, ycelx Jamet et Jehan son filz avons franchi..., en favour dud. mariage, de touz foaiges..., et anoblissons led. Jehan Ousmont, filz dud. Jamet, pour le temps avenir, pour li et les hoirs procraez d'eulx dous en mariage; en voulent... qu'il soit rabatu à lad. parroesse sur le troit de Treffieuc ung feu, parceque led. troit est trop chargé. Si donnons en mandement, etc. Et en tesmoign de ce et pour durer en perpetuel memoire, nous avons fait seeller cestes presentes de nostre grand seau en laz de saye et cire vert. Et en oultre, pour ce que les dessusd. et chascun se doubtent leur estre meffait en corps ou en biens, ycelx... avons prins en et soubz noz seurté, protection et espicialle sauvegarde...; en mandent à noz seneschalx... de Rennes et de Plermel, etc.; et pour maire fermeté de nostred. sauvegarde, faire meptre panonceaulx de noz armes...

Ainssi signé, Par le duc, de sa main escript. — Par le duc, de son commandement: Vous, l'evesque de St Brieuc, les sires de Chasteillon et de Montaulban, le grant mestre d'ostel et autres presenz. — G. DE CARNÉ. »

2500

Ordre de payer 2000 l. de pension à la comtesse d'Étampes.

Orig. scellé en cire rouge sur s. q. du sceau n° 9 (Ar. L.-Inf., E 29; anc. Tr. des Ch. S. B. 9).

A Rennes, 1441, 31 juillet. — « Jehan... A touz... salut. Comme autresfoiz [1] nous eussions ordonné à deffunt nostre très chier et très amé frère Richart de Bretaigne, conte d'Estampes, que Dieu pardoint, deux mil l. mon. par an, à les prendre et avoir par la main de nostre tresorier general, c'est assavoir mill l. sur noz receptes ordinaires et les autres mill l. sur noz fouages et l'impost des vins venduz en detaill en nostre païs, à nous valoir acquit sur le droit d'apasnage à nostred. frère apartenant en nostre duchié; et depuix et bien tost après le trespas de nostred. frère, ayons voulu et octrié à nostre très chere et très amée seur la contesse d'Estampes, sa compaigne, ou nom d'elle et comme ayant la garde et gouvernement de ses enffans d'entre elle et nostred. frère, que elle joist d'icelle somme de deux mil l. en la maniere que dessus, dont elle n'a eu aucun poiement, anczois lui reste et est uncores deu avec et mil l., du vivant de nostred. frère; de quoy nostre très chier et très amé frère le duc d'Orleans nous ait parlé en faveur de nostred. seur et ses enffans, nous priant et requerant que voulseissons doresenavant faire avoir à nostred. seur et à sesd. enffans, poiement de la somme dessusd., ensemble et l'errerage, pour l'estat d'elle et de ses enffans soustenir et la descharge de la conscience de nostred. frère. Savoir faisons que, pour amour et contemplacion de nostred. frère d'Orleans et pour l'estat de nostred. seur et de ses enffans soustenir..., nous avons voulu... que doresenavant elle soit poié sur noz receptes dessusd. de lad. somme de deux mil l. par an, savoir sur noz receptes ordinaires, de mil l., et sur noz fouages et impostz, d'autres mil l. Pour quoy mandons et commandons expressement à nostre chier bien amé et feal Mathelin Hervé, nostre tresorier et receveur general, etc.

PAR LE DUC. — Par le duc, de son *commandement* et en son conseill, presens: l'evesque de St Brieuc, le grant maistre d'ostel, Jehan Labé et autres. — GODART. »

2501

Renvoi à la cour de Nantes d'une cause entre le duc et la comtesse d'Étampes.

Orig. jad. scellé en cire rouge sur s. q. (Ar. L.-Inf., E 30; anc. Tr. des Ch. J. F. 26).

A Rennes, 1441, 31 juillet. — « Jehan... A touz,... salut. Comme pour certaines causes contenues en noz lettres sur ce faictes, nous eussions prins, saesi et mis en nostre main la terre de Renroet et les revenues d'icelle o ses appartenances, que beau frère le conte d'Estampes, que Dieux pardoint, souloit tenir; contre laquelle saesie et main mise nostre très chere et très amée seur la contesse d'Estampes, en son nom et ou nom et comme ayant la garde et gouvernement de noz très

---

1. Voy. plus haut n° 2241.

chiers et amez nepveu et niepces ses enffans, se soit plegée et opposée, disant par ses causes et raysons, nous, de droit et selon raison ne le devoirs faire; sur quoy eussions evocqué la decision de la cause touchant la matere, à estre determinée davant nous et nostre conseill, recours à noz lettres plus à plain en faisant mencion [1]; Savoir faisons que, pour consideracion que lad. terre est située soubz nostre juridicion de Nantes, et mesmes pour eviter la vexacion de nostred. seur, de ses officiers et d'autres, voulans lad. cause estre decidée à son ordinaire comme raison est..., renvoyons lad. cause o ses sequelles et dependences à nostre court et barre de Nantes... Pour quoy mandons et commandons expressement à noz justiciers et officiers dud. lieu de Nantes, etc.

PAR LE DUC. — Par le duc, de son commandement et en son conseill, presens : l'evesque de St Brieuc, le grant maistre d'ostel, Jehan Labé et autres. — GODART. »

2502

Abandon de la moitié de deux fouages pour la délivrance du comte d'Angoulême.

Orig. scellé en cire rouge sur s. q. du sceau nᵒ 9 (Bibl. de Nantes, f. Bizeul ; anc. Ar. de Rohan, Actes notables, nᵒ 250).

« A la Communaye près nostre ville de Rennes », 1441, 1ᵉʳ août. — « Jehan... Savoir faisons que comme pour le bien et utillité de nostre pays, et mesmes pour le bien du mariage de nostre très chere et amée niepce Jehanne de Rohan, nous ayons ordrenné deux fouages estre levez en nostre pays, ès termes que nous aviserons, checun de saixante soulz par feu, à en estre aplicquez les deniers à nous, pour une moitié de checun d'iceulx, pour le support des charges que avons à porter, au bien de nous, noz païs et seignourie, et l'autre moitié convertiz et employez en la delivrance de nostre très cher et amé cousin le conte d'Engoulesme, à valloir acquit par autant que celles finances se pourra monter, à nostre très cher et amé frère le viconte de Rohan, sur ce que aultresfoiz promist poyer pour le mariage de nostred. niepce, et pour les droiz, parties, porcion et avenant d'elle, tant de père que de mère, sellon les lettres du mariage dud. conte d'Engolesme et d'elle, recours à ycelles si mestier est, jucques à la somme de cent mille l. de la monnoie qui à present a cours en nostred. païs, si autant se puent monter ; quelles finances ayons ordrenné par donnaison à nostred. niepce en faveur dud. mariage, pour touz ses droiz, comme dit est ; et nous ait humblement supplié nostred. beau frère de Rohan que de ce le voullissons asseurez teillement que à son honeur la chose fust conduite, en maniere que blasme ne reproche n'en peust avoir envers beau frère le duc d'Orleans, nostred. cousin d'Engoulesme, ne aultres à qui de ce peust aucunement toucher ; Nous, desirans de tout nostre cuer la delivrance et recouvrement de la personne de nostred. cousin et la perfection et consummacion du mariage de luy et de nostred. niepce, avons voulu et ordrenné, voullons et ordrennons que la moitié de checun desd. deux fouages, qui se monteront ensemble autant que un fouage [.....][2] saixante soulz, soint prins, levez et receuz par noz bien amez et feaulx conseillers Jehan d'Ust et Jehan Mauleon, qui en employ[eront] les deniers et finances jucques à la somme de cent mille l., se autant se puent monter, comme dit est, en l'acquit de nostred. [cousin] d'Engoulesme, si ainsi est que l'en puisse la personne de lui avoir

1. Ci-dessus nᵒ 2478.
2. Une petite déchirure a causé plusieurs lacunes.

ne recouvrer, et que lesd. poiementz vaillent et soint faitz en l'acquit et descharge de nostred. beau
frère de Rohan, et sur la promesse de quatre vingtz mille escuz que aultresfoiz il fist ès gens de
nostred. cousin, au treité du mariage de luy et de nostred. niepce. Laquelle somme de finance, par
autant que se pourront monter les deniers de saixante soulz par feu, levez à deux foiz comme dit
est, Nous avons donné et donnons à nostred. niepce en faveur dud. mariage, pourveu qu'il se puisse
acomplir, et avons promis et promettons à nostred. beau frère de Rohan, en bonne foy et en
parolle de prince, faire faire les poiemens desurd. ès lieux et mains ceulx à qui ilz devront estre
faitz pour la personne de nostred. cousin d'Engoulesme avoir et delivrer; et tout au bien, perfection
et enterinement dud. mariage et des promesses qui par nostred. beau frère y furent faictes, en
maniere qu'il en soit vallablement et à son honeur deschargé, tant envers led. beau frère d'Orleans
que envers nostred. cousin et touz aultres à qui il en puet toucher...

PAR LE DUC. — Par le duc, de son comandement : l'evesque de S¹ Brieuc, l'abbé de Beaulieu,
messire Robert d'Espinay grant maistre d'ostel, Charles de la Ville Audren, le prevost de Guerrande et pluseurs autres presens. — PERRODIC. »

2503

Mention (Bibl. nat., ms. fr. 22330, f° 546).

Au Plessis de Reczac, 1441, 8 août. — Lettres confirmatives des privilèges et sauvegarde pour
l'abbaye de Redon.

Par le duc, de sa main. — Par le duc, de son commandement, presens : le sire de Chatillon,
messire Henry du Chastel, Jehan Guiho, Jehan de Lindreuc et plusieurs autres. — GUENEMAR.

2504

Franchise de fouages pour Guillaume le Grant.

Vidimus du 14 août 1443 (Ar. L.-Inf., B, Anobl. et franchises).

« Au Plesciz de Resac près nostre ville de Redon », 1441, 12 août. — « Jehan... A touz... salut.
Comme à nous... apartiengne donner franchises, etc. Savoir faissons que nous, considerant les
bons, loyaux et agreables services que nostre bien amé et feal serviteur Guillaume le Grant, premier varlet de chambre et de garde robbe de nostre très cher et très amé filz Gilles, dès le temps
de son enfance, et les siens ont faitz tant à nous que à nostred. filz Gilles..., à la supplicacion et
requeste de nostred. filz Gilles, qui de ce nous a très humblement supplié et requis, icelluy Guillaume le Grant, qui moienant nostre bon plaisir et aide a intencion de s'entremetre de fait de marchandie, avons aujourduy, avec la maison où il fera demourance en nostre pays, et les demourantz
en icelle... franchiz de touz... fouaiges; en voulant » qu'il soit rabattu « aux habitanz et contribuantz
à noz fouaiges, à la foiz que nous y mectons pour le bien et utilité de la chose publique de nostre
pays et la tuicion d'icelluy, ou bourch du Vuilz Merché, en la parroisse de Ploearmet ou diocesse
de Treguer, ung feu... Et en oultre, pour l'avencement de son mariage, nous li avons presentement
donné et quicté l'impost de vignt pipes de vin qu'il ou ses comis vendront ou feront vendre en detaill ou temps avenir par chascun an oud. eveschié. Sy donnons en mandement à noz cappitaines,

presidantz, seneschalx... de Treguer, etc. Et affin que ce soit chosse ferme et estable pour durer à toujours mays, nous avons signé ces presentes de nostre main et fait seeller de nostre grand seau en laz de saye et cire vert.

Ainsi signé, Par le duc, de sa main. — Par le duc, de son commandement, presens : Mgr Gilles, Mgr le bastart, l'evesque de St Brieuc, l'abbé de Beaulieu, Jehan Guiho, Charlaix de la Ville Auldren, Thebaud Guillemot et aultres plussieurs. — J. DU TROLEY. »

2505

Concession d'une foire à Escoublac pour Pierre de l'Hôpital.

Orig. jad. scellé en cire rouge sur s. q. (Collection de M. le baron de Wismes).

A Redon, 1441, 15 août. — « Jehan... A touz... salut. Comme de noz droiz, souverainetés et noblesses à nous seulement appartienne à instituer et ordrenner faires et marchés...; Savoir faisons que, à la priere et requeste de nostre bien amé et feal consoillier Pierre de l'Ospital, nostre president, seneschal de Rennes et juge universel de nostre duché, Nous... instituons et ordrennons une faire, à estre cituée et tenue [pour le] temps advenir ou bourc d'Escoublac près nostre ville de Guerrande, ou mois d'apvrill, au jour du benoist monsieur saint [Georges] [1], et voulons que semblables coustumes et autres devoirs soint par nostred. consoillier et ses subcesseurs [eus et levés] par chascun, sur chascune des derrées et marchandies qui seront amenées, vendues et estalées en ycelle faire, tout et ainsi que ont et lievent les autres nobles de nostre païs ès autres faires qu'ilz ont en ycelles parties de Guerrande, quelles coustumes et devoirs nous... donnons à nostred. consoillier et sesd. subcesseurs, voulans qu'ilz en joissent paesiblement en futur, chascun en son temps; en mandant à nos seneschaulx, alouez, prevostz et procureurs de Nantes, de Guerande... faire banir et puplier, etc. Et en oultre... prenons et metons toux cieulx de noz subgiz ou autres, avec les biens et marchandies qui seront en lad. faire, en chascun an, soubz noz proteccion, seurté et espiciale sauvegarde et perpetuelle..., et que des infracteurs de nostred. sauvegarde nostred. consoillier et sesd. successeurs en aint la cognoessance.

PAR LE DUC. — Par le duc, de son commandement, present Vous et autres. — PERRODIC. »

2506

Prorogation d'octroi pour les ports du vicomte de Rohan.

Copie du XVIIe s., d'après les arch. de Rosmadec (Bibl. nat., ms. fr. 22333, f° 9). — Mention (D. Mor., Pr. II, 1139).

A Redon, 1441, 16 août. — « Jehan... A tous... salut. Comme dès le tiers jour de novembre l'an mil quatre centz trente sept [2] et de par avant [3], nostre très cher et très amé frère et feal le vicomte de Rohan se fust à nous complaint de certains impostz de nouvel, et sucides que eussions

---

1. L'original a plusieurs lacunes; nous avons pu combler celle-ci à l'aide d'une lettre du 21 oct. 1441, de même provenance; (plus loin, n° 2517).
2. Voy. n° 2284. — 3. Voy. n°° 1486, 1510, 1567, 1631.

ordonné estre levés et exigés sur plusieurs danrées et marchandises entrantz et yssantz ès portz et havres de Landerneau, Doulas, Crauzon, et autres d'ilecques près et adjaceans, apartenans à nostred. frère, quels devoirs et sucides disoient luy estre moult prejudice en diminution de ses revenuz ; et sur ce, en attendant y pourveoir autrement, eussions voulu et ordonné, du consentement mesme de nostred. frère, que esd. havres et lieux fut levé et exigé sur tonneau de vin et bled, trente s. mon., et sur les autres marchandises, autres certains devoirs qui estoient et devoient estre du consentement de nous et de nostred. frère, par moitié entre nous, sçavoir est une moytié à nous et l'autre moitié à nostred. frère, et que ainsi ceux devoirs fussent et eussent estre levez et exigez par nos officiers et ceux de nostred. frère ; ce qu'estoit pour le temps de quatre ans, ainsi que de tout en est mention plus à plain faite en nos lettres et mandementz sur ce donnez, par lesqueux et cestes sont annexées ; et pour ce que, pour plusieurs occupations qu'avons eu et avons encore à present pour le bien public de nostre pays, nous n'avons vaqué ne entendu au fait de la complainte de nostred. frère, et que le terme desd. quatre ans est presque finy, nous voulons et ordonnons par les presentes, que lesd. devoirs et coustumes soient levées et exigez esd. lieux, par moytié entre nous et nostred. frère et par les receveurs de nous et de luy, en la forme et maniere du temps passé et selon nosd. lettres d'autrefois, sçavoir est jusques au temps et terme d'autres quatre ans, commencentz à la revolution des autres derniers quatre ans qui finira le tiers jour de novembre prochain ; et mandons et commendons très expressement à tous nos justiciers, etc.

Par le duc. — Par le duc, de son commandement et en son conseil, presentz: l'evesque de St Brieuc, le grand maistre d'hostel, Jehan d'Ust, Jehan Labbé et autres plusieurs. — DE GUER-GUEZENGOR. »

2507

Mentions dans des procès-verbaux de récolement de 1678-1679 et de 1708-1709 (Ar. L.-Inf., B 1920, fº 52 et B 1921, fº LXV).

1441, 22 août. — Lettres d'anoblissement pour Hervé Periou [1], de la paroisse de Plougasnou en l'évêché de Tréguier.

2508

Décharge des dixièmes pour l'abbé de St-Melaine de Rennes.

Vidimus du 3 oct. 1441 (Ar. L.-Inf., E 83 ; anc. Ar. Ille-et-Vilaine). — Analyse d'après les archives de St-Melaine (Bibl. nat., ms. fr. 22325, p. 113).

« A Erbignac », 1441, 2 septembre. — « Jehan... A nostre tresorier et receveur general, aux receveurs particuliers des presens dyziesmes à nous octriez par nostre saint père le pape, et ordrenez estre levez en nostre païs et duché, salut. Savoir faesons que nous, considerens les biens et agreables services que religieux homs et honnestes nostre bien amé et feal conseillier l'abbé de St Melaine nous a fait ès temps passez et fait continuellement chascun jour, tant par prestz de finance quant en avons necessité que aultrement en plusours manieres, icelui nostred. conseillier avons quicté et

1. C'est ainsi que son nom est orthographié sur le procès-verbal original de la réformation de Plougasnou en 1446 (Ar. L.-Inf., B 1160). Les récolements donnent la leçon : Periot.

quitons de tout ce qu'il peut debvoir desd. dyziesmes à cause de son moustier de St Melaine et aultres beneffices deppendens d'icelui... Si vous mandons, etc. Et ce voulons pourveu que led. dixiesme n'excede la somme de seix vigns livres, et que ce qu'il ce montera nous vaille acquit et descharge sur ce que lui povons devoir.

Ainsi signé, Par le duc, escrit de sa main. — Par le duc, de son commandement, presentz : l'evesque de St Brieuc, l'abbé de Beaulieu, Charles de la Ville Audren et aultres. — P. LE CLERC. »

2509

Franchise de fouages pour Guillaume Eonnet.

Vidimus du 15 déc. 1448 (Ar. L.-Inf., B, Anobl. et franchises).

A Guérande, 1441, 4 septembre. — « Jehan... A touz... salut. [Savoir faisons] que pour la recompensse de pluseurs services et plesirs que nostre subgit Guillaume Eonnet, de la paroesse de Herbignac ou diocese [de Nantes], nous a faiz ou temps passé, tant à noz esbaz de chaces que aultrement, et fait incessáment; mesmes à la requeste de nostre [très cher] et très aymé aisné filz le conte de Montfort qui de ce nous a priez très instanment..., icelui Guillaume Eonnet avons au jour de huy, de grace especial, franchi, quicté et exempté... de touz fouages..., durant le cours de sa vie tant seulement... Si donnons en mandement à noz seneschalx, allouez et procureurs de Nantes et de Guerrande, » etc. ; avec décharge d'un demi feu pour les habitans d'Herbignac.

Ainsi signé, Par le duc, de sa main. — Par le duc, de son commandement, presenz : Msr le conte, Msrs Pierres et Gilles de Bretaigne, l'evesque de St Brieuc, Thebaud de la Clartiere et autres pluseurs. — O. DE COETLOGON. »

2510

Franchise de fouages pour un sergent de Rolland de Carné.

Copie de 1668 (Ar. Ille-et-Vil., E, famille de Carné). — Mention d'après les Mémoires de Carné (D. Mor., Pr. II, 1540)[1].

A St Nicolas près Redon, 1441, 25 septembre. — « Jehan... Sçavoir faisons que en recognoissance et partie de remuneration des bons et louables services que nostre bien amé et feal escuyer et conseiller Rolland de Carné nous a faitz..., octroyons par ces presantes aud. Rolland que un sien sergent ou receveur qu'il a ou aura pour son manoir et terre de Cremeur en la paroisse de St Aubin de Guerrande, en l'evesché de Nantes, soit pour le temps avenir franc... de tous foalges..., et ordonnons par ces presantes qu'il soit deduit et rabatu esd. paroissiens un demi feu ; en mandant... à noz seneschal, alloué et procureur de Guerrande, etc.

Signé, Par le duc. — Par le duc, de son commandement, presens: Msr le conte, Msrs Pierre et Gille, le conte de Laval, Vous, l'evesque de St Brieuc, le grand maistre d'hostel, Jehan de Ust, Jehan Labbé et autres plusieurs. — CADOR. »

1. D. Morice donne la date du 5 sept. 1441.

2511

Franchise de fouages pour Michel Chevrier.

Vidimus du 6 oct. 1441 (Ar. L.-Inf., B, Anobl. et franchises).

A Redon, 1441, 28 septembre.— « Jehan... A touz,... salut. Comme à nous... appartiegne donner franchises, etc. Et soit ainsi que nostre chier et amé Michel Chevrier, de la parroaisse de Ploermel, demourant en la Chappelle de Fougeres, soit homme puissant et de honneste conversacion ; Savoir faisons que nous, à la priere et requeste d'aucuns noz proches serviteurs..., iceluy Chevrier avecques ses hoirs procreez de lui en loyal mariage, avons aujourduy... franchy... de touz fouages..., pour le temps de sa vie seulement; en voulant » qu'il soit rabattu aux paroissiens de Ploërmel « ung feu entier du nombre des feuz d'icelle, pourveu qu'ilz se gouvernent honnestement, sauff qu'ilz pourront faire le mestier qu'ilz faisoint de paravant ces heures. Si donnons en mandement à noz capitaines, president, senneschaulx...de Ploermel, etc. Et affin que ce soit chose ferme et estable à tenir et durer à tousjoursmais, nous y avons mis nostre signe de nostre main et fait y aposer nostre seel en laz de soye et cire vert.

Ainsi signé, Par le duc, de sa main. — Par le duc, de son commandement. — M. COLIN[1]. »

2512

Contrat de mariage entre François de Bretagne et Élisabeth d'Écosse.

Orig. jadis scellé de 5 sceaux sur d. q. (Ar. L.-Inf., E 12; anc. Tr. des Ch. H. D. 12). — Copie dans un recueil du XVᵉ s. (Ibid., E 16; anc. R. D. 14).

A Redon, 1441, 29 septembre. — « In nomine Domini nostri Jhesu Christi, Amen. *Johannes,* Dei gracia dux Britanie, comes Montisfortis et Richemondie, et Franciscus, comes Montisfortis ac dominus Filigiarum, Universis presentes litteras inspecturis et audituris, salutem et prosperitatis augmentum. Notum fieri volumus per presentes quod nós summopere cupientes perseverare in confederacionibus et amiciciis ab olim inter inclitas domos Scocie et Britanie, et recolende memorie carissimos consanguineos nostros reges necnon predecessores duces regionum predictarum respective, et ipsas amicicias affinitatis et cognacionis federe plus solito apropriare cum carissimo consanguineo nostro rege Scocie et ejus genitore, cujus anima in pace requiescat, de matrimonio inter consanguineam nostram carissimam dominam Elisabeth, sororem secundogenitam regis predicti, et carissimum filium nostrum comitem prefatum, plures hinc inde tractatus habuimus et proloquciones; in quibus tandem, divina favente clemencia, inter nos ex una, et nobiles et egregios viros dominum Georgium de Crenhtonne, admiraldum Scocie, militem, magistrum Guillelmum de Foulis, archidiaconum Sancti Andree, et Guillelmum Monypeny, scutiferum, oratores carissimi consanguinei nostri regis prefati, ex altera partibus, vice et nomine regis predicti, gratis animis, modo et forma sequentibus concordatum extitit et conclusum.

1. Le texte porte *Molin.* Comme on ne trouve ailleurs aucun secrétaire de ce nom, nous pensons qu'il faut identifier ce scribe avec M. Colin qui a contresigné les nᵒˢ 2264, 2422, etc.

In primis placuit nobis duci et comiti prefatis ex una, et dictis oratoribus regis illustrissimi, vigore commissionis et facultatis ab eodem rege ad hoc specialiter eis concessarum, ex altera partibus, proloqutum matrimonium inter nos Franciscum predictum et dominam Elisabeth, secundogenitam sororem regis prefati, concludere et de facto concludimus, volumusque infra viginti dies postquam eadem domina Elisabeth ad portum Britanie applicuerit, in facie ecclesie matrimonium predictum solempnizari, servatis de jure et regionis more servandis, sub pactionibus infrascriptis, videlicet quod nos oratores regis predicti procurabimus cum effectu per regem prefatum assignari, sub firma et valida obligacione, nobis dictis comiti et domine Elisabeth, pro dote hujus matrimonii, summam centum mille saluciorum boni auri et legitimi ponderis, quorum septuaginta faciant marcham auri in saluciis vel in alio auro equivalenti; pro quorum centum mille saluciorum solucione, idem rex ex nunc transfert nobis dictis comiti et Elisabeth, terciam partem dotis sibi assignandam cum sua futura sponsa seu conjuge, usque ad summam antedictam solvendam super primis pecuniis regie dotis; et nos oratores predicti, vice et nomine ipsius regis, transferimus et facimus; et si tercia pars predicta ad summam centum mille saluciorum non ascenderit, de eo quod restabit usque ad complementum centum mille saluciorum, idem rex concludet cum oratoribus dictorum ducis et comitis nunc ad Scociam transmeantibus, per viam racionabilem de qua merito debeant contentari. Item, dabit idem rex, cum consensu suorum status et procerum, in forma valida, securam obligacionem de summa antedicta centum mille saluciorum solvenda nobis dicto Francisco et dicte domine Elisabeth, casu quo, aut per ipsius regis obitum aut alias, staret quominus infra tempus per oratores nostros ducis et comitis predictorum cum rege predicto concludendum de summa antedicta super dote regia vel alias, per vias racionabiles, cum oratoribus predictis, ut prefertur, concludendum non esset satisfactum. Item, procurabimus nos regii oratores predicti cum effectu, dominam Elisabeth predictam cum procuratore dicti domini comitis, ipsius nomine, matrimonium contrahere per verba de presenti, et hujusmodi matrimonio contracto, eamdem dominam, regiis sumptibus ut decet ornatam, ad ipsius regis arbitrium, ad partes Britanie pro solempnizacione matrimonii, ut prefertur, transmiti; circa autem expensis navigii et solucione nauli seu freti navium et aliorum in navibus hujusmodi transvehendorum, conveniet rex cum dictis oratoribus ducis et comitis predictorum; et si super hoc esset difficultas, rex arbitrabitur. Item, si, quod absit, contingeret regem absque liberis sibi succedentibus diem claudere extremam, et per hoc, racione dicte domine Elisabeth, nos comes prefatus succederemus in regno Scocie, ipso facto obligaciones predicte confundantur et erunt nulle. Quod si, in eventum mortis predicte, in partem regni succederemus dicte summe equivalentem, ad idem erit hujusmodi obligacio nulla et ex tunc rejecta; et si partem minus valentem per obitum predictum succederemus, ut prefertur, eathenus deffalcabitur de obligacionibus predictis quatenus nobis obveniet ex successione. Item, si contingeret, quod absit, nos dictum comitem, dicta domina Elisabeth post consumatum matrimonium predictum adhuc superstite, viam universe carnis ingredi, habebit eadem domina dotalicium suum in castro de Succenio cum adjacentibus et aliis comoditatibus, conventi nomine dotalicii, hiis modo et forma quibus habere debebat, ex convencione matrimonii, deffuncta domina comitissa, et secundum tenorem litterarum super hoc confectarum, videlicet, si premoriatur dictus dominus comes antequam perveniat ad successionem ducatus, quatuor mille, si post, sex mille libras annui redditus. Item, in eventum predicte mortis nostre comitis predicti, dicta domina Elisabeth supervivente, non permittemus nos dux prefatus nec successores nostri eam nec filiam illius, si filiam habeat heredem principalem que in regno Scocie verisimiliter succedat, matrimonialiter copulari cum aliquo, sine consensu illustris regis Scocie. — Que premissa omnia et singula, Nos, dux et comes prefati, quatenus nos concernunt, promittimus bona fide adimplere, contra ea in futurum nunquam venire, ad hoc nos, nostra et successores nostros obligantes et obligamus per presentes ; et nos oratores prefati, vice et nomine illustris regis Scocie et dicte domine Elisabeth, omnia et singula premissa, prout eorum quemlibet concernit, vigore regiarum litterarum inferius insertarum, promittimus bona fide adimplere et adimpleri procurare, ac contra ea, quavis occasione in futurum, non venire regem prefatum ipsiusque successores, ac bona mobilia et imobilia ad hoc obligantes et expresse ypothecantes, prout obligamus et ypothecamus. In quorum omnium fidem et testimonium, Nos, dux et comes et oratores prefati, sigilla nostra presentibus fecimus apponi, et eas per secretarium infrascriptum signari. Datum Rothoni, die penultima mensis septembris, anno Domini millesimo quadringentesimo quadragesimo primo[1].

(Sur le repli) Per dominos ducem et comitem. — CADOR. — Ex parte oratorum Scocie preinsertorum. — JUVENIS. »

2513

Mention dans un compte de Mauléon, trésorier de l'épargne (D. Lob. II, 1038; D. Mor. *Pr.* II, 1270-1271).

1441, 30 septembre. — Mandement de délivrer le nécessaire « à Herman, orfeuvre de Mᵉʳ le comte[2], pour faire un collier d'or de l'Ordre du duc d'Orleans, pour ce que le duc avoit le sien donné à mᵍʳ Gilles son fils; avec une touezon d'or pendant au collier de l'Ordre du duc de Bourgongne, laquelle touezon d'or mond. sᵉʳ avoit perdue. »

2514

Mandement d'enquérir des droits des religieux de Rhuys sur diverses terres.

Orig. jad. scellé sur s. q. (Ar. Morbihan, H, f. de l'abbaye de St-Gildas de Rhuys). — Analyse (Bibl. nat., ms. fr. 16822, p. 667).

A Beaumont près Redon, 1441, 3 octobre. — « Jehan... A noz bien amez et feaulx conseillers noz seneschal, alloué, procureur de nostre court et juridicion de Reuys... salut. Receue avons l'umble suplicacion et complainte de noz orateurs les abbé et covent du benoist moustier de Sᵗ Guedas de Reuys, contenant en effect qu'ilz sont fondez de nous et de noz predecessours, cuy Dieux pardoint, et que, par nostre court de Reuys, ait meu et deppent plait et litige indiscus entre vous nostred. procureur d'une partie, et lesd. abbé et covent d'aultre partie, sur debat de certaines pieces de terres et heritaiges situez et estans en nostre juridicion et terrouer de Reuys, assez près environ les mectes dud. moustier et parties environ, l'une d'icelles pieces nommée et appellée Graiz Croaisic et une aultre appellée et nommée Graiz Guelvoedic, et d'aultres pieces de terre contenus ès proceix d'entr'elx, que tenons pour touz relatez par ces presentes, tant par voie de plegemenz donnez

1. Ici sont insérées les lettres de procuration du roi d'Écosse Jacques II ; elles sont datées d'Édimbourg, le 19 juillet 1441. On les trouve également en original aux Ar. L.-Inf., E 12 ; anc. H. D. 10.
2. François, comte de Montfort, fils aîné de Jean V. Quant à Herman, c'est vraisemblablement le même qu'Herman Kerlinch dont il est question au nᵒ 2491.

d'une et aultre part, et d'aucunes pocessions alleguées d'une et aultre part, et tant en fait pocessoire
que aultrement. Sur debat de quoy estes vous nostred. procureur, abbé et covent trouvez sur
plusieurs proceix et exploiz... ; pour occassion desquelles pledoleries sont (lesd. abbé et couvent)
oppressez, grevez et endommagez, par quoy leur covient retarder l'office et service divin et Dieu
prier pour nous et noz predicessours... Pour quoy nous... voulons et ordrennons que touchant
lesd. debatz desd. heritaiges, en principal et pocessoire, royaument et de fait la vente estre sceue et
prinse, et que enqueste en soit faicte sommairement et de plain par noz commissaires aultres foaiz
sur ce commis, et de novel y commectons nostre bien amé conseiller Jehan Rolland..., mandons
et commandons y vacquer et entendre, etc.

PAR LE DUC. — Par le duc, de son commandement. — DU TROLÊY. »

2515

Franchise de fouages pour Alain le Moulnier.

Vidimus du 1er août 1442 (Ar. L.-Inf., B, Anobl. et franchises).

Au Bois-Raoul, 1441, 12 octobre. — « Jehan... A noz seneschalx, allouez et procureurs de
Rennes et de Ploermel, tresoriers et receveurs... salut. Comme à nous... apartienne donner franchisses, etc. Savoir faesons que nous, eu consideracion aux bons et agreables services que nostre
humble subgit Allain le Moulnier, de la parroesse de St Malo de Filly, conduiseur des raez et fillez
de nostre chace ès lieux où nous allons pour nostre esbat, où il a eu et enduré de grans paines et
travaills sens avoir eu de nous que bien po de rescompence, voulans aucunement l'en recongnoestre
pour plus curieusement nous servir ou temps avenir, celui Allain le Moulnier, son filz aisné procreé
de sa chaer, la meson où il demeure..., à la suplicacion de noz bien amez et feaulx chamballain et
enffant de chambre le sire de Maure et Jehan d'Aulray mestre de nostre venerie, qui de ce nous ont
humblement supliez et requis, avons aujourdehui... franchiz, quictés et exemptés de fouages...; en
rabatant un demy feu... Si vous mandons, etc. En tesmoign de ce pour valloir emperpetuel, nous
avons signé ces presentes de nostre main et fait seeller de nostre grant seel en laz de saye et cire
vert.

Ainxi signé, Par le duc, de sa main. — Par le duc, de son commandement. — P. BISEUL. »

2516

Mention (*Mélanges historiques sur la Bretagne*, par A. de Barthélemy, [1re série], 2e fasc., p. 87).

1441, 14 octobre. — Lettres du duc rabattant cinq feux aux paroissiens de Ploubalay « pour les
demourans au Plessix Balliczon ; affin que led. lieu, auquel Msr avoit ordonné reparacion et fortifficacion de chasteau, peust estre mieulx habité, garny et peuplé de gens qui y habitassent et
demourassent pour le temps de lor ce advenir. »

2517

Concession d'une foire à Escoublac pour Pierre de l'Hôpital.

Orig. jad. scellé sur lacs (Collection de M. le baron de Wismes).

1441, 21 octobre. — « Jehan... A touz... salut. Comme à nous... appartienne, de noz droiz royaux et duchaulx..., *creer foires et marchéz à ceulx de noz subgiz qu'il nous plaist* ; Savoir faisons que, à la contemplacion et requeste de nostre cher, bien amé et feal conseiller Pierre de l'Ospital, sieur de la Rouardaye et d'Escoublac, à icelui, ses heirs et successeurs... donnons congié et licence d'avoir et tenir par chascun an, à mais tousjours en perpetuel, en oultre la grace lui faicte de para-vant ces heures d'avoir une foire ou bourg d'Escoublac ou jour de seint Georges [1], laquelle avons ratiffié et ratiffions, une autre foyre aud. bourg d'Escoublac, ès lieux où bon lui semblera, au jour de la seint Martin en yver, pour en joir nostred. conseiller pour lui, ses heirs et successeurs, en perpetuel, des droiz, prerogatives, prouffiz et emolumens appartenans à foyre, comme de cous-tumes, cohuages, estalages et autres devoirs quelxcomques, ainsi que si lesd. festes avenoint au samedi ou dimanche, que lesd. foires tiennent le lundi ensuivant ; et partant... mettons les alans et venans marchandanment et autrement à lad. foire, avec tous leurs biens, denrées et marchandies quelxcomques, en noz protection, scurté generalle et especiale sauvegarde... Si donnons en mande-ment à noz seneschal, aloé et procureur de Guerrande, etc. En tesmoign de ce, nous avons signé ces presentes de nostre main et fait sceller de nostre scel en laz de saye et cire vert.

PAR LE DUC. — A. BAUDOUIN [2]. »

2518

Mandement de laisser les habitants de St-Renan jouir de leurs franchises.

Vidimus du 7 nov. 1442 (Ar. L.-Inf., B, Franchises).

« Au Plesseix de Reçac », 1441, 20 novembre. — « Jehan... A noz tresorier, recepveurs generaulx et particuliers de noz fouages... en l'evesché de Cornouaille, salut. Comme nostre très redoulté s^{er} et père à qui Dieux pardoint, pour la très singuliere devocion qu'il avoit au temps de son vivant à Mgr saint Renan du Boys, il eust franchy... les demorantz et habitans dud. lieu de St Renan, d'impostz, fouages... en perpetuel ; et dempuix ce, nous maismes, en faveur de la grace que leur avoit fait nostre très redoté s^{er} et père, leur avions paraillement fait l'ottroy et grace ainxi que nostre s^{er} et père avoit fait, recours à nosd. lettres sur ce faictes, à... ces presentes anexées [3]; Et soit ainxi que à present Alcin Peneancoet et autres recepveurs et fermiers dud. impost oud. evesché se efforçoint et vouloint contraindre et compeller lesd. supliants à poier le devoir dud. impost de XXIII s., IIII d. sur chascune pipe de vin vandu en detaill, pour auchunes ordrenances que de pre-sent avons fait, sanz avoir esgard à nosd. lettres de franchise, nous requerans lesd. supliants les faire joir antierement du contenu en nozd. lettres, et sur tout ce nostre provision humblement le nous requerant. Pour ce est il que nous, bien recollez des franchisses et libertés que nostre très redouté s^{er} et père et nous avons fait ausd. supliants..., vous mandons et commandons que vous souffrés et lessés joir...

Par le duc, de sa main. — Par le duc, de son commandement, presentz : le conpte de Montfort, Mgr le bastart, le sire de Chastillon, Charlles de la Villaudren et autres pluseurs. — J. DE GUERGUE-ZENGOR. »

1. Ci-dessus n° 2505.
2. Le repli de cette charte a été coupé et par suite ont disparu les souscriptions qui devaient s'y trouver. Le nom du secrétaire que nous donnons, se trouve sur le recto à la fin du corps de la pièce, pour approuver une rature.
3. Cf. n°s 1034, 1569, 1723, 1931.

2519

Franchise de fouages pour Jean le Bastart.

Vidimus du 16 déc. 1441 (Ar. L.-Inf., B, Anobl. et franchises).

A Muzillac, 1441, 1er décembre. — « Jehan... A touz... salut. Comme à nous appartiegne...
donner franchises... Savoir faisons que nous, considerans les bons services que nous a faiz ès
temps passez nostre subgit Jehan le Bastart, tant ou fait de noz guerres que autrement, mesmes à
la supplicacion et requeste de nostre bien amé et feal escuier d'escurie Thebaud Malescette, icelui
le Bastart avons aujourduy franchy... de touz guetz et fouages...; en mandant, etc. Et pour ce que
les parroissiens de Karantoir, en laquelle parroisse il est demourant, demourroint chargez par
cause de lad. exempcion, » le duc les décharge d'un demi feu.

« Ainsi signé, Par le duc, de sa main. — Par le duc, de son commandement, presens : l'evesque
de St Brieuc, messire Jehan de Kermelec, Pierres de la Marzeliere et pluseurs autres. — O.
GUENEMAR. »

2520

Extrait (*Hist. monasterii B. M. de Precibus*, chap. IV). — Mentions (Ar. Morbihan, H, Invent. des titres de
Prières, dressé en 1705. — Ar. L.-Inf., G1, factum de 1671, p. 13).

A Muzillac, 1441, 3 décembre. — « Jehan... A tous... salut. Comme paravant ces heures, en
l'onneur et reverence du benoist moustier de N. D. de Prieres, nous eussions voullu et octroyé que
les grangers, manans, habitans et demourans ez granges des abbé et convent dud. lieu, ès parties
de Biller et de Musuillac, estant de la fondation dud. moustier, et mesmes les demourans ou herbregement et manoir du Bouays de Ros, en la paroesse de Lismarzel, fussent francs... de tous
fouages..., sellon que plus à plain est faicte mention en nostre mandement sur ce fait, auquel ces
presentes sont annexées[1]; lequel avons rattiffié... — Signé de la main du duc. »

2521

Analyse (Bibl. nat., ms. fr. 22330, fo 546 vo).

Au Plessis de Ressac, 1441, 15 décembre. — Mandement du duc « à me Jean Loisel, son conseiller, touchant les hommes et sujets de l'abbaye de Redon ès terrouers de Redon, Bain, Brain et
Langon, de Ressac, Saint Cogo et Bréulis, qu'il veut estre traitez et expediez au mercredy ou jeudy
de la seconde semaine des generaulx pleds de Rennes et non à autre jour, sauf si pour leur action
ilz poursuivent aucun baron ou homme de menée; et auquel cas sera fait ainsy qu'il est acoustumé
et de raison.

Signé, Par le duc. — Par le duc, de son commandement, presens : Mgr le comte, l'abbé de
Beaulieu, messire Jehan de Kermelec, Pierre de la Marzelliere et plusieurs autres. »

1. Voy. plus haut no 2301.

2522

Franchise de fouages pour Jean Bretagne.

Vidimus des 15 sept. 1442 et 21 oct. 1449 (Ar. L.-Inf., B, Anobl. et franchises).

A Lanruas, 1441, 20 décembre. — « Jehan... A touz... salut. Comme à nous... appartiengne franchir, etc. Savoir faisons que nous, en consideracion de la debilité et foiblesse de nostre povre subgit Jehan Bretaigne, de la parrouesse de Yffendic ou diocise de St Mallou, quel est tellement mallade d'une jambe que impossible chosse lui est et seroit ou temps advenir gaignez la vie et substantacion de lui, ses fame et pluseurs petiz enffans qu'il a, et ne pourroit contribuez à noz fouaiges, aînczois li convendroit lesser sa meson inhabitée et s'en aller aillours en mandicité, suppliant qu'il nous plaise le franchir et exemptez de touz fouaiges et aultres subvencions quelxconques, humblement le nous requerant, Nous... avons, en pitié et aumosne, franchi... led. Bretaigne, sa vie durant, de touz fouaiges...; en rabatent le tiers d'un feu. Si donnons en mandement à noz thesoriers, etc.

Ainsi signé, Par le duc, de sa main. — Par le duc, de son commandement, presens : le sire de Chastillon, Charles de la Ville Audrain et aultres. — J. GODART. »

2523

Anoblissement de la Bessardaie en faveur de Guillaume Bessard.

Vidimus du 20 nov. 1469 (Ar. L.-Inf., B, Anobl. et franchises).

A Redon, 1441, 26 décembre. — « Jehan... A touz... salut. Comme nostre bien amé et feal Guillaume Bessart, nostre varlet de chambre et de garde robe, dès le temps de sa jeunesse nous ait loyaument serviz et fait encores de present, esperans que de bien en mieulx il y continue ; et soit venu à nostre congnoissance que à luy apartient ung hostel et herbergement nommé la Bessardaie o ses apartenances, situé en la parroesse de Cordemès, ou diocese de Nantes, les demourans ouquel hostel, espoir l'on vouldroit ou temps avenir imposer en noz fouaiges et taillées, jasoit qu'ilz n'en ayent fait aucune pocession ; Sçavoir faisons que nous... icelui Bessart, avec sond. hostel et ses appartenances..., ennoblissons par cestz presentes et franchissons... de touz fouaiges... ; en voulant que celui Bessart puisse ediffier en sesd. terres, moulin à vant, columbier, garaine, reffuge à connins, et les tenir deffenssables ainsi que font les nobles de nostre païs. Et combien qu'il sembleroit que mestier ne seroit faire aux parroissiens d'icelle parroisse aucun rabat ne descharge de feu de contribucion des fouaiges pour nostred. grace faicte aud. Bessart, actendu qu'il n'en a fait aucune possession ne n'est en leur charge ; ce neantmoins, nous avons voulu... que pour led. hostel il leur soit rabatu et deschargé ung feu entier du nombre qu'ilz ont en charge. Pour quoy mandons... à noz senneschal, aloué et procureur de Nantes, etc. Et en tesmoign de ce, pour valoir en perpetuel, nous avons signé ces presentes de nostre main et fait sceller de nostre grant seel en laz de saie et sire vert.

Par le duc, escript de sa main. — Par le duc, de son commandement et en son conseil, presens : Mgr le comte, Msrs Pierres et Giles, l'evesque de St Brieuc, Mgr le bastart, le sire de Chastillon, le grant maistre d'ostel, Rosserff, Claretiere et pluseurs aultres. — GODART. »

2524

Lettres d'octroi, durant 3 années, pour les réparations de la Guerche.

Inclus dans des contre-lettres du 6 juillet 1443 (Ar. I.-Inf., E 129 ; anc. Tr. des Ch. H. C. 24).

« A Sᵗ Nicolas près Redon », 1441, 29 décembre. — « Jehan... A toulx... salut. Comme autres-foiz, à la priere et requeste de nostre très chere et très amée seur la duchesse d'Alençon, nous luy eussions octroyé qu'elle peust faire lever en la ville et chastelenie de la Guerche et ès fiez enclavez en icelle, certains imppostz sur pluseurs denrrées, pour en estre employé les deniers en la repara-cion, fortifficacion et emparement de lad. ville, jusques à la fin du moys de janvier prochain ve-nant ; et nous ait de present nostred. seur prié et requis voulloir renoveller lesd. impostz, et luy donner congié et licence de les lever et faire lever en tout ou en partie ainssin que bon nous sem-bleroyt ; Savoir faisons que nous, inclins à sa requeste, considerans que lad. ville est l'une des en-trées de nostre païs et que, si par deffaut de reparacion elle estoit prinse par ennemys, ce que Dieu ne vueille, pourroit porter prejudice à nous et à nostre pays..., consentons et ordrennons que, du premier jour du moys de febvrier prochain venant jusques à troys ans ensuivans, nostred. seur puisse lever et faire lever esd. ville et chastelenie et ès feiz enclavez d'icelles, sur les denrrées et marchandies cy emprès declairées, les sommes de monnoie qui en suyvent : Savoir est, sur ches-cune pipe de vin d'Anjou qui sera vendue en grox, par le vendeur d'icelles, deux soubz, seix de-niers, et chescune pipe de vin vendue en detaill, cinq s. ; item, pour chescune pipe de vin breton vendue en groux, par le vendeur, quinze d. ; pour pipe de vin vendue en detaill, deux s., seix d. ; item, pour chescune pipe de citre vendue en groux, dix d., et en detaill, vingt d. ; marchans de draps en detaill, par chescun jour de marché qu'ilz estaleront en lad. ville poeront doze d., et au jour de fayre, deux s. ; et pour chescun drap de couleur vendu en groux, par le vendeur, deux s., seix d. ; et par chescun drap gris ou blanc vendu en groux, par le vendeur, vignt d. ; item, chescun bouchier, pour chescun jour qu'il estalera en lad. ville, poira seix d. ; item, vendeurs de cuiers secs tennez, pour chescun jour qu'ilz estaleront en lad. ville, seix d. ; item, vendeurs de cuirs vers de beuffs ou de vaches, tannez ou o le pail, pour chescun cuir quatre d. ; cordonniers paeront pour chescune sepmaine quatre d. ; achateurs de lars, de gresses, euffx et poulailles, pour chescune charge, doze d. ; achateurs de seigle et froment, pour chescune charge, quatre d. ; vendeurs de seel, pour chescune charretée, doze d., et pour chescune somme, deux d. ; vendeurs de laynes et o le suy, pour chescun poys, dix d., et de layne lavée, pour chescun poys, quatre d. ; et achateurs de toilles, pour chescun cent qu'ilz tireront hors lad. chastellenie et fiez enclavez, dix d. Sur lesquieulx de-voirs et impousts avons ordoenné et ordonnons à nostre bien amé et feal esculer Jaquet du Rou-rou, cappitaine de lad. ville, prandre et avoir pour partie de ses gaiges la somme de saixante l. mon. par chescun an, pour le temps advenir, durant nostre plaisir. En mandent aux receveurs et miseurs de lad. reparacion ainssi les lui poier et continuer... ; mandons et commandons en oultre à noz seneschal, alloué et procureur de Rennes » faire jouir « led. temps de troys ans durant, ainssin que dessur ; après lequel temps fini, nous revoquons, cassons et adnullons le contenu de cestes o tout leur effeit... [1]

---

1. Les souscriptions n'ont pas été transcrites sur les contre-lettres

2525

Analyse dans un inventaire (Ar. des forges de Lanouée, Morbihan).

1441. — Lettres du duc octroyant au sʳ de Rohan la levée de cinq sols par pipe de vin sur le territoire de Josselin, pour les réparations de la ville.

2526

Mention dans des lettres du 16 mars 1565 (Ar. L.-Inf., B 50, fo 23).

1441. — Lettres du duc portant franchise et exemption de fouages pour une maison de la paroisse de Lannion, au diocèse de Tréguier[1].

2527

Mention (*Recueil des édits... de la Chambre des comptes de Bretagne*, par La Gibonays, 1ʳᵉ partie, p. 286).

1442 n. s., 6 janvier. — Lettres de commission pour Morice de Kerloeguen, conseiller et auditeur des comptes, et pour Guillaume de Kersauson, procureur de Léon, afin de procéder à une enquête sur le nombre des feux de la paroisse de « Plouernest[2]. »

2528

Franchise de fouages pour Robin du Fresne.

Vidimus du 11 mai 1444 (Ar. L.-Inf., B, Anobl. et franchises).

1442 n. s., 9 janvier. — « Jehan... A touz... salut. Comme à nous... appartienne franchir, etc. Savoir fasons que, à la requeste de nostre très chier et très amé frère le conte de Richemont..., franchisons, quictons et exemptons par ces presentes Robin du Fresne et sa femme, de la paroisse de Fougeré, de touz fouages... à tousjours mays... Et en oultre leur avons donné et quicté, donnons et quictons le devoir d'inpoust de ouyt pipes de vin, qu'ilz, par eulx ou autres leurs commis, vendront ou feront vendre et detailler en lad. paroisse de Fougeré ou ailleurs en nostre païs et duchié, à en joir d'icelui nombre de ouyt pipes de vin jucques à cinq ans prouchains venans. Si mandons et commandons à noz seneschalx... de Rennes et de Nantes, » etc. ; avec décharge d'un tiers de feu. « En tesmoign de ce nous avons signé ces presentes de nostre main et fait seeller de nostre grant seel en laz de soye et cire vert.

Ainssin signé, Par le duc, de sa main. — Par le duc, de son commandement, presentz : l'evesque de Sᵗ Brieuc, le grant maistre d'oustel, Jehan de Ust et autres plusieurs. — CADOR. »

---

1. Cette maison appartenait à Louise Jarnen lorsque Charles IX, par ses lettres données à Toulouse le 16 mars 1565, confirma les franchises octroyées par Jean V.

2. Plouernest *sic.* Nous estimons que c'est une faute d'impression du *Recueil des édits.* On trouve Ploervest dans le Pouillé à la suite du *Cartul. de Redon,* p. 574; aujourd'hui Plougourvest, Finist., arr. Morlaix, cᵒⁿ Landivisiau.

2529

Lettres de main-levée de la terre de Ranrouet.

Orig. scellé en cire rouge sur s. q. du sceau n° 9 (Ar. L.-Inf., E 30 ; anc. Tr. des Ch. G. E. 11).

A Redon, 1442, 11 janvier. — « Jehan... A noz seneschal, aloé et procureurs de Nantes et à touz autres..., salut. Savoir faisons que sur la complainte nous faicte de la part de nostre très chere et très amée seur la contesse d'Estampes, pour belle niepce Marie sa fille, à cause de l'empeschement paravant ces heures mis sur le joissement des fruiz et revenues des troys quintes parties de la terre de Ranroet, sur quoy espoir se pourroit mouvoir proceix, Nous avons volu et ordonné que, sanz prejudice des droiz en petitoire et possessoire d'une et autre part, mais yceulx demourans en vertu sanz aucunement y deroger, nostred. niepce joisse, par elle et ses commis, des fruiz, revenues et autres esmolumenz quelxcomques desd. troys quintes parties de la terre de Ranroet, pandant led. proceix indiscus par nostre justice à l'occasion de lad. terre. Et s'il avenoit que beau cousin le sire de Rex feist offre o effeit du poiement de lad. terre, voulons que la finance soit prinse et consignée par nostre justice ès mains de nostre très cher et très amé frère Artur, conte de Richemont, et de beau frère de Rohan ou leur commis, et que celle finance soit, o la solempnité en tel cas acoustumée, emploiée en acquestz de terre en nostre païs ; des fruiz et revenues de laquelle terre ainsi acquise, voulons que nostred. niepce joisse pareillement jucques à la fin dud. proceix. Et si par la fin d'icelui proceix, sentence se donnoit contre nostred. niepce, ce nyantmoins lesd. troys quintes parties, ou lad. terre acquise, ou la finance consignée seront à beau neveu d'Estampes, en nostre acquit du rest que lui pourrions devoir de son apanage ; et si la sentence se bailloit au proffit de nostred. niepce, lad. terre ou finance vaudront à nous ou à elle acquet, comme de roison appartendra. Et en tant, ès fins que dessus, avons sours nostre main mise sur lesd. troys quintes parties... Si vous mandons, etc.

PAR LE DUC. — Par le duc, de son commandement, presens : Mgr le conte, Mgr de Richemont, l'evesque de St Brieuc, le grant maistre d'ostel, Jehan d'Ust et autres. — GODART. »

2530

Ordre de payer 5000 l. à la comtesse d'Étampes.

Orig. jad. scellé en cire rouge sur s. q. (Ar. L.-Inf., E 29 ; anc. Tr. des Ch. G. C. 29).

A Redon, 1442, 11 janvier. — « Jehan... Savoir faisons que nous aujourduy avons ordonné et ordonnons la somme de cinq mil livres monnole, sur le prochain fouage qui de par nous sera ordonné et levé en l'evesché de Nantes, pour icelle somme mectre et amploier à l'excucion du testament de nostre très cher feu frère le conte d'Estampes, que Dieu pardoint, et à nous valoir acquit sur ce que devons et pourrions devoir à nostre très chere et très amée seur la contesse d'Estampes, et à beau neveu le conte d'Estampes son fils, tant à cause de l'ordonnance que autresfoiz leur feismes de deux mil livres par an que autrement [1]. Si mandons à nostre tresorier et receveur general

---

1. Voy. nos 2241 et 2500.

et au receveur particulier d'icelui fouage oud. evesché de Nantes » de payer « à Jamet Bonami, receveur general de nosd. seur et neveu, pour l'emploier à l'excucion dud. testament, ainsi que dessur, en presence de Jehan Labbé nostre chambelan, l'un des excuteurs d'icelui testament...

Par le duc. — Par le duc, de son commandement, presens : Mgr le conte, Mgr de Richemont, l'evesque de St Brieuc, le grant maistre d'ostel, Jehan d'Ust et plusieurs autres. — Godart. »

2531

Lettres d'apanage pour Arthur de Bretagne, frère de Jean V.

Inclus dans des contre-lettres d'Arthur, du 13 janvier 1442 (Ar. L.-Inf., E 3 ; anc. Tr. des Ch. G. B. 16).

A Redon, 1442, 13 janvier. — « Jehan... A tous... salut. Comme nagaires nous et nostre très chier et très amé filz Françoys, conte de Montfort, eussions baillé et delivré à nostre très chier et très amé frère Artur de Bretaigne, conte de Richemont, sr de Partenay, connestable de France, la proprieté des chastel, chastellenie, terre et seigneurie de la Benaste, avec ses appartenances et appendences, pour mil l. de rente de son appennage, moiennant que nostred. frère avoit restitué à nous et nostred. filz les terres et seigneuries d'Avaugour en Dinammois et trois cens trente l. de rente que par certain appoinctement de sond. appennage lui avions autresfois transporté et baillé sur et en la seigneurie de Bourneuf en Rais, o certaines paccions et accordances declairées par les lectres sur ce faictes, esquelles n'entendons aucunement deroguer, ainçois voulons qu'elles demeurent tousjours en leur force et vertu, quelque chose que cy dedens soit contenu ; par lesquelles autres lectres eussions promis entre autres choses delivrer à nostred. frère l'ususfruit de lad. seigneurie de la Benaste dedens certain temps declairé par lesd. lectres, ou lui livrer et bailler terre en main, de laquelle il peust joir jusques à la consolidacion dud. ususfruit à la propriété de lad. seigneurie de la Benaste, par le decès de dame Anne de Sillé à laquelle appartient l'ususfruit de lad. terre à cause de douaire, ou par autre paccion avec elle ou autre moien, en maniere que nostred. frère peust joir entierement des fruis et levées de lad. terre, selon le contenu desd. lectres, recours à icelles [1]. Savoir faisons que nous et nostred. filz, de son bon gré et consentement et o l'assentement de nous, voulans enteriner et acomplir led. appointement, en actendant que led. ususfruit soit joint et consolidé à lad. seigneurie de la Benaste par aucuns des moiens que dessus, et par maniere que nostred. frère en peust joir entierement selon le contenu desd. autres lectres, avons nous et nostred. filz baillé... à nostred. frère le conte de Richemont et aux siens la terre, seigneurie et chastellenie de Bourneuf en Rais, avec ses appartenances et appendences quelzconques, avecques la juridicion et seigneurie, fiez, demaine, hommages et autres drois, cens, rentes, revenues, proffis et emolumens, pour en joir comme dessus et jusques à ce que lui ayons delivré led. ususfruit et joyssance des revenues de lad. terre de la Benaste et selon le contenu esd. autres lectres ; Dit et condicionné que, toutesfois et quantesfois que baillerons à nostred. frère autre terre, seigneurie et chastellenie, jusques à lad. valeur de mil l., ou que led. ususfruit lui soit delivré par aucuns des moiens que dessus, par ce faisant, sans autre requeste ou mistere de justice, lad. seigneurie de Bourneuf en Rais et toutes ses appartenances et appendences retorne à nostred. filz entierement et sans reservacion quelzconques, à en joir tout ainsi que faisions et faire povions nous et nostred.

1. Voy. plus haut n° 2486.

filz au temps et date de ces presentes. Laquelle terre et seigneurie de Bourneuf en Rais avec ses appartenances et appendences quelzconques, en la maniere que dessus, a prins et accepté nostred. frère pour les mil l. de rente dessusd., et voulu que se plus vault, à deu et loial prisage, de l'oultre plus nostred. filz joysse. Et de laquelle terre et seigneurie et de toutes les appartenances et appendences, pour en joir et en la maniere que dessus, nous et nostred. filz lui avons transporté et transportons la possession et saisine entierement, et promectons par ces presentes, pour nous et les nostres, la lui garentir, delivrer et deffendre de tous debatz, empeschemens et de toutes charges et servitudes, tant de douaire que d'autres, sauf seulement des charges anciennes et de six l. de rente que, depuis le decès du sire de Rais, avons assise sur lad. terre de Bourneuf à la maison du Bois Rouaut à qui led. sire de Rais l'avoit promis, selon que pourra apparoir par les lectres sur ce faictes. Et en oultre voulons que nostred. frère y mecte et commecte tous officiers, et que en tout et partout il en face comme de sa propre chose; et nous a promis nostred. frère tenir les choses en estat et y faire les reparacions deues et convenables. Si donnons en mandement par ces mesmes presentes à noz seneschal, alloué, prevost, procureur et receveur de nostre conté de Nantes, aux gens de noz comptes, etc. En tesmoing de ce nous avons fait mectre nostre seel à ces presentes, et icelles signées de nostre main et aussi signées et scellées du seel et de la main de nostred. filz.

Signé au blanc, Par le duc et Franczois. — Et dessus au double, Par le duc, de son commandement, en son conseil ouquel: l'evesque de St Brieuc, le grant maistre d'ostel, le prevost de Guerrande, messire Jehan Lenfant, Pierre Ivette, le seneschal de Nantes et plusieurs autres estoient, et signé J. Godart. — Et après ensuist, Par Mgr le conte, de son commandement et en son conseil ouquel estoient: messire Jehan de Tiercent, messire Jehan Lenfant, le prevost de Guerrande, Pierre Ivette et autres presens, et signé J. Bachelier. »

2532

Missive au duc d'Orléans en lui envoyant copie d'une lettre du roi de France.

Original sur papier jadis scellé d'un sceau plaqué (Ar. Côte-d'Or, B 11905; anc. Ch. des comptes de Dijon). — *Chronique de Mathieu d'Escouchy*, t. III, *Preuves*, p. 40-41 [1].

« Au Plesseix de Reczac lees Redon, » [1442] [2], 27 janvier. — « A mon très cher et très amé frère le duc d'Orleans et de Valoiz [3]. — Très cher et très amé frère, Je me recommans à vous. J'ay receu les lectres de Mgr le roy par le sire de Gaucourt, desquelles vous envoie le double cy enclos; et par icelles ne puis aucunement congnoestre l'intencion de mond. sr le roy à nostre assemblée, mès me semble qu'il y a mutacion de termes et autre latin, comme par icelles pourrez voirs à plain. Aussi ay receu voz lettres par messire Fircon et oy ce que m'a dit de vostre part. Sur tout bien au

---

1. Publié par M. de Beaucourt, éditeur de la *Chronique*, d'après Bibl. nat., Coll. de Bourgogne, vol. XCIX, p. 947. — Notre texte a été établi d'après l'orig. de cette importante missive que nous avons fait reproduire en fac-similé en tête du présent volume.

2. Non datée de l'année comme toutes les missives, on ne saurait hésiter sur la date de celle-ci. La lettre du roi Charles VII dont il est question dans celle de Jean V, datée de Bressuire le 19 janvier et relatant l'assemblée de Nevers ainsi que le voyage de Tartas, ne laisse aucun doute à cet égard. Cf. de Beaucourt, *Hist. de Charles VII*, t. III, p. 211-212.

3. Cette adresse se trouve au dos de l'original.

long luy ay dit et decleré mon intencion pour la vous raporter. Si vous pri, très cher et très amé frère, le croire de ce qu'il vous en dira et à ses diz planiere fay et creance adjouster, et vous tenez seur que je suy tout prest et par moy ne tardera le venige, et en riens ne besongneré sans vous ; vous priant uncores que ainsi le faictes de vostre part, comme je y ay mes seurté et parfaicte fiance. Très cher et très amé frère, se chose vous est agreable que faire puisse, le me faisez savoir, je le feré de bon vouloir. Au plesir Nostre Seigneur qui vous ait en sa garde. Escript au Plesseix de Reczac lecs ma ville de Redon, le xxvii⁰ jour de janvier.

Vostre frère le duc de Bretaigne, conte de Montfort et de Richemont. — JEHAN. — CADOR. »

2533

Franchise de fouages pour Pierre de Cornilz.

Vidimus du 3 sept. 1444 (Ar. L.-Inf., B, Anobl. et franchises).

1442, 9 février. — « Jehan... [A touz]... salut. Comme à nous... [appartienne] donner franchisses, etc. Savoir faisons que [nous], à la requeste et comtemplacion de reverend père en Dieu nostre très cher et bien amé cousin, compère et feal conseiller l'evesque de Nantes nostre chancelier, qui de ce nous a requis..., avons Pierres de Cornilz, de très long temps son serviteur, et Jehanne Goaisceau sa femme et compaigne, leur heritier principal procreé de leur chair, avec leur maison et mettaerie nommée la Boutardiere, siis en la parroesse de Cocron et la meson où à present demeurent à la Fosse de Nantes, franchiz... de touz fouaiges... u temps avenir perpetuelment ; » avec décharge d'un demi feu. « Si donnons en mandement à noz cappitaine, seneschal, alloué, prevost et procureur de Nantes, etc. En tesmoign de ce nous avons signé ces presentes de nostre main et fait sceller de nostre seel.

Ainsi signé, Par le duc, escript de sa main. — Par le duc, de son commandement, presens : le sire de Ploeuc, messire Henry du Chastel, maistre Robert Ferré et plusseurs autres. — ROCHER. »

2534

Règlement d'apanage entre François et Pierre, fils de Jean V.

Orig. scellé en cire rouge sur d. q. des sceaux de Jean V (n⁰ 9) et de François, son fils aîné (Ar. L.-Inf., E 3 ; anc. Tr. des Ch. G. B. 13). — Autre orig. (Anc. Tr. des Ch. G. A. 21).

A Redon, 1442, 16 février. — « Jehan... A touz... salut. Savoir faisons que sur l'altercacion qui peust estre entre noz très chiers et très amez enffans François nostre aizné fils, et beau fils Pierre, sur la succession de nostre très chier et très amé frère Artur, conte de Richemont, sr de Partenay et connestable de France, qui de pieça a adopté nostred. beau fils Pierre et fait son heritier, au desir des lettres sur ce faictes, recours à icelles, Nous avons appointé, en presence et du consentement de nozd. enffans, quant ad ce par nous suffisamment auttorizez, appointons et ordonnons par ces presentes que, le cas avenu de lad. succession de nostred. beau frère à nostred. beau filz Pierre, il demourra d'icelle succession à nostred. aizné fils et ses hoirs, oultre les troys mill livres declerées par les lettres de l'apointement de l'apanage de nostred. beau filz Pierre, et que par led.

appointement oud. cas de lad. succession devroit retourner à nostred. aizné fils, deux mill l. de rente que prant nostred. beau frère sur la conté de Nantes, et les terres, chastellenie et seigneuries de la Benaste, pour lesquelles et en attendant le decebs de la doairiere, avons baillé à nostred. beau frère la terre et seigneurie de Bourneuff en Raix, sellon les lettres de ce faictes ; lesquelles terres et seigneuries et celles de Bourneuff demouront à nostred. aizné filz comme dessur, avecques et les chasteau et chastellenie, terres et seigneurie du Gavre, sauff que d'icelx chastel et chastellenie, terres et seigneurie du Gavre joira nostred. beau fils Pierre, sa vie durant. Et en cas que n'aroit hoir masle, retournera lad. seigneurie à nostred. fils aisné ; et s'il avoit hoir masle, pourra nostred. aisné fils et son heritier avoir et recouvrer lesd. chasteau, chastellenie, terres et seigneuries du Gavre, baillant aud. heritier ouit mill escuz d'or, de poais de franc, une foiz poiez, qu'il sera tenu poier avant la possession d'icelx chastel et seigneurie povair avoir ne recouvrer ; et partant joira nostred. filz Pierre du parssur de lad. subcession de nostred. frère, sond. deceix escheu, sellon la teneur de ses lettres, reservé en touz endroiz à nous et à nostred. aizné filz noz droiz de souveraintez et noblesses, et sens deroger en autres choses ès lettres et appointemens faiz avant ces heures sur lesd. choses, mais icelles en toutes autres choses demouront en leur vertu. En tesmoign de ce, nous avons signé ces presentes de nostre main ; et aussi y ont nosd. enffans mis et aposez leurs signes manuculx et seaulx en approuvant leurd. consentement, et s'entre sont promis sur bonne foy ainsi tenir et acomplir les choses dessurd. sans jamais aller à l'encontre.

PAR LE DUC. — FRANCZOIS. — Par le duc, de son commandement, du consentement de mond. sr le conte et de Msr Pierre, presens : Msr Gilles, l'evesque de St Brieuc, le president, Jehan Labbé, Pierres Ivete, Simon Delhoye et autres. — CADOR. — Par Mgr le conte, de son commandement et de son consentement, presens les dessusd. — BACHELIER. »

2535

Mandement d'enquérir du préjudice causé par l'épidémie à un fermier de Rennes.

Orig. jad. scellé sur s. q. (Ar. mun. de Rennes, liasse 141).

A Redon, 1442, 17 février. — « Jehan... A noz bien amez et feaulx escuiers et conseilliers noz alloué et procureur de Rennes, Guion d'Espinay, maistre Jehan Mainfeny, auditeur de noz comptes et Jehan de la Riviere, salut. Reccu avons la supplicacion et humble requeste aujourduy nous faicte de la part de nostre bien amé et feal serviteur Pierres Pepin, contenant que puix nagueres de temps, comme par avisement de noz capitaine, officiers et bourgeais de la ville dud. lieu de Rennes, eust esté ordrenné faire faire ung portal et une grosse tour à la porte de la rue ès Foulons de lad. ville pour la fortificacion d'icelle, o certains pointz, divis et condicions, et pour certaine somme de finance, et que après la chose bannie à qui pour mains la vouldroit faire, led. suppliant esperant faire proulfit à lad. ville, desbouta teillement que lad. prinse lui demoura, et selon que plus applain est contenu ès escriptures sur ce faictes ; et que depuix led. suppliant a fait faire lesd. tour et portal avec pluseurs amesnaigemens et grosses euvres, et que durant celui temps a eu cherté de biens en lad. ville et mortalité d'espidemie, comme on peut savoir, et en besongnant en celuy euvre le filz dud. suppliant est decedé, et convint à lui et sa femme s'en fouir. A l'occasion desquelles choses, il a esté perdant oud. marché et convenant de très grant somme de finance, et à celle cause est demouré debteur et obligé à pluseurs personnes, quelles il ne pourroit contenter si par nous ne luy estoit imparty de noz grace et provision convenable, humblement le nous requerant. Pour quoy nous, si ainsi est, voulans aucunement secourir et aider led. suppliant, vous mandons et commandons expressement ou à deux de vous, que du donné entende dud. suppliant de la perte et domaige qu'il dit avoir eu en faisant led. euvre, vous enquerez et imfourmez bien et deument sur les articles et ensaignemens que vous baillera led. Pepin et o gens se cognoessans en teille matiere..... Et en oultre, pour certaines occupacions et affaires secretz en quoy avons retenu et occupé led. suppliant, nous, aujourduy avons superceded et remué et, par ces presentes, supercedons et remuons la rendicion de ses comptes de la reparacion de nostred. ville de Rennes jucques à la feste de la Toussains prouchaine venante ; en mandant, etc.

PAR LE DUC. — Par le duc, de son commandement. — GUENEMAR. »

2536

Anoblissement de Kerelemarch en faveur d'Henri le Coente.

Orig. jad. scellé sur lacs (Ar. Côtes-du-Nord, E familles). — Vidimus du 27 mars 1442 (Ar. L.-Inf., B, Anobl. et franchises).

Au Plessis de Reczac, 1442, 21 février. — « Jehan... A tous... salut. Comme à nous... apartiene ennoblir, franchir, etc. Et soit ainsi que nostre subgit Henri Coente, demourant à Kaerelemarch en la parroisse de Ploecroiz, en l'evesché de Treguier, soit noble homme et issu de noble ligne, puissant de nous servir aux armes comme les autres nobles de nostre païs ; ce neantmains les parroissiens d'icelle parroisse de Ploecroiz en laquelle il demeure, l'ont contraint poier nosd... fouages... sanz avoir esgard ad ce que dessus, et nous a supplié de nouvel, en tant que mestier est, le ennoblir et de nosd. fouaiges l'en franchir et quicter ovec led. lieu où il demeure, très humblement le nous requerant. Savoir faisons que nous, acertainez de la noblesse et puissance dud. Henrry le Couente..., icelui Henri ovec ses filz malles procreez de lui en loyal mariage... ennoblissons et exemptons à jamays en perpetuel de touz fouages..., ovec led. lieu de Kaerelemarch où demeure à present led. Henrry, pourveu qu'il et sesd. fils malles nous servent à noz armes comme les autres nobles de nostre païs quant besoign sera ; en deschargeant... ausd. parroissiens d'icelle parroisse de Ploecroiz deux tiers de feu... Si donnons en mandement à noz tresorier, etc. Et pour valloir et durer en perpetuel, nous avons signé ces presentes de nostre main et fait sceller de nostre grant scel en laz de saye et cire vert.

PAR LE DUC. — (Sur le repli) Par le duc, de son commandement. — BABOUIN. »

2537

Franchise de fouages pour Éonnet Lucas.

Vidimus du 15 juin 1442 (Ar. L.-Inf., B, Anobl. et franchises).

« A Kerbonest », 1442, 26 février. — « Jehan... A touz... salut. Comme nagueres, en l'onneur et reverence de Dieu et de Nostre Dame, de Mgr saint Mandé et saint Sebastien, il ait esté commencé une chappelle en la parroisse de Guillac, en laquelle dempuix le commancement ont esté faiz et sont avenuz en l'onnour desd. sains de très beaulx miracles, tant en personnes qui ne par-

6

loint point, les autres gueriz de maladie, que autrement en pluseurs manieres ; Et soit ainsi que
à ce present voyage que avons esté à lad. chappelle acomplir les veu, promesse et pelerinage que
avions voué esd. sains, ayons fait venir devers nous nostre humble subgit Eonnet Lucas, de lad.
parroisse, lequel nous a signiffié qui le esmeut à commencer lad. chappelle et les choses lui adve-
nues pour le commencement d'icelle, tant de jour que de nuyt; esquelles choses avons prins très
grant plaisir et devocion, dont l'avons voulu et voulons recongnoestre ; Savoir faisons que nous,
acertennez des proudommie, bonne vie et conversacion dud. Lucas, et mesmes qu'il a prins et
prent envers lad. chappelle de grans paines pour l'acomplissement d'icelle chappelle..., avons
aujourduy... franchi... led. Eonnet Lucas de touz foages..., durant sa vie ; et, en son acquit, deschargeons aux parroissiens de lad. parroaisse ung feu... Si donnons en mandement à noz... cappitaines, senneschaulx... de Plermel, etc.

Ainsi signé, Par le duc, de sa main. — Par le duc, de son commandement. — Du TROLEY. »

2538

Mention d'après les titres· de Blanche-Couronne (Bibl. nat., ms. fr. 22319, p. 230). — Mention dans un
inventaire (Ar. L.-Inf., H 18, f. de l'abbaye de Blanche-Couronne).

1442, 8 mars[1]. — Lettres du duc permettant à Jean Babouin son secrétaire, d'avoir des fourches
patibulaires.

2539

Mentions dans des procès-verbaux de récolement de 1678-1679 et de 1708-1709 (Ar. L.-Inf., B 1920, f° 51
et B 1921, f° LXIII).

1442, 10 mars. — Lettres d'affranchissement d'une maison située en la ville de Morlaix, paroisse
de St Mahé, appartenant à Nicolas le Lay.

2540 *(Mandat de paiement)*

Orig. n'ayant pas été scellé [2] (Arch. du Hallay-Coëtquen, C 20).

A Malestroit, 1442, 12 mars. — « Jehan,.. A nostre bien amé et feal conseiller et secretaire
Matelin Hervé, nostre tresorier et receveur general, et à celui ou celx qui pour le temps avenir le
seront, salut. Savoir faisons que pour recognoessance des bons et agreables services que nous a
fait u temps passé et fait continuelement de jour en aultre nostre bien amé et feal conseiller et
chambelain Pierre de la Marzeliere, pour lui aider au mariage de sa fille et pour autres causes ad
ce nous mouvans, nous lui avons aujourduy donné et ordonné sur toutes et chascune voz recettes
faictes ou affere la somme de mil l. mon. Si vous mandons et commandons expressement que de lad.
somme de mil l. ainsi vous poiez et contantez nostred. chambelain, etc.

PAR LE DUC. — Par le duc, de son commandement. — GODART. »

---

1. Le ms. 22319 donne seulement la date d'année 1441 v. s., sans le mois ni le jour ; mais il précise mieux la
nature de la concession ducale.
2. Cf. Introduction, p. xciv.

2541

Anoblissement de l'hôtel de Jamet Dignes le jeune.

Vidimus du 23 mars 1442 (Ar. L.-Inf., B, Anobl. et franchises).

« Au Favoet », 1442, 21 mars. — « Jehan..... A touz... salut. Comme à nous... appartienne ennoblir, franchir, etc. Et soit ainsi que par aucuns de noz escuiers et serviteurs nous a esté fait rapport que nostre amé subgit Jamet Dignes le jeune, de la parroesse de Ercé en l'evesché de Rennes,
est homme de bonne vie et honneste conversacion, puissant et bien disposé de nous servir en noz
affaires, suppliant qu'il nous plaise vouloir ennoblir lui et ung sien hostel et herbregement siis ou
villaige et masure de la Couerie, en lad. parroesse de Ercé en l'evesché de Rennes, et quicter de
touz fouaiges... Savoir faisons que nous, ouy le bòn rapport qui dud. Jamet nous a esté fait, et
mesmes à la requeste d'aucuns noz escuiers et servicteurs qui de ce nous ont très humblement supplié et requis, avons aujourduy... icelui Jamet Dignes le jeune, son filz ainzné procroyé de sa char
et en loyal mariaige, et leurd. maison et herbregement o toutes ses appartenances, ennobli..., et
exemptons les demourans en icelle meson et herbregement à jamais perpetuelement de noz
fouaiges...; voullans qu'ilz joissent eulx et leurs successeurs en perpetuité des previleges de noblesse
ainsi que les autres nobles le font, pourveu qu'ilz nous serviront en noz armes, guerres et affaires
toutes foiz que mestier en aurons et requis en seront; en rabatent... ung feu entier... Si donnons
en mendement à noz cappitaines, sennechaulx, allouez et procureurs de Rennes, etc. Et en tesmoign de ce, nous avons signé ces presentes de nostre main et fait seller de nostre seell en laz de
saye et cire vert.
Ainsi signé, Par le duc, de sa main. — Par le duc, de son commandement. — BABOUIN. »

2542

Procuration à B. Huchet pour faire un appointement avec le comte de Staffort.

D. Morice, *Pr.* II, 1355-1356, d'après l'orig. communiqué par M. de la Bedoyère.

A Nantes, 1442, 11 avril. — « Jehan... A tous... salut. Sçavoir faisons que nous confians et à plein
acertené des sçavance, loyauté envers nous, prudomie et bonne diligence de nostre bien amé et feal
secretaire Bertrand Huchet, iceluy... ordonnons quant afin d'aller devers beau cousin le comte de
Stafort ou ses gens et commis, pour communiquer et appointer avec les aucuns de ceux à ce ayant
pouvoir, d'une certaine lettre de merque que led. beau cousin a obtenue sur nos subgets à l'occasion
d'une perte que Jacques Havardin, son serviteur, fist autrefois sur mer de plusieurs biens aud. beau
cousin appartenans... En tesmoin de ce nous avons signé ces dites de nostre main et fait seller de
nostre sceau.
Par le duc, de son commandement et en son conseil, ouquel estoient : l'evesque de St Brieuc,
messire Jehan Labbé, le seneschal de Fougeres et autres. — BACHELIER. »

2543

Don de l'usufruit de salines fait aux Dominicains de Guérande.

Copie du 12 juillet 1502 (Ar. L.-Inf., H 296, f. des Dominicains de Guérande).

Au château de Succinio, 1442, 14 avril. — « Jehan... A touz... salut. Nous considerans la docta-
cion et fondacion par nous faicte du convent et collège des frerres prescheurs de Guerrande, et que,
pour le peu de revenue qui est, l'ediffice notablement encommenczée aud. convent ne se peult convenablement parfaire, anczoys en brieff pourroit dechoirs en ruyne, dimynuer, ou led. convent
demeurer inhabité ; qui nous redonderoit en charge de conscience, actendu que en avons esté premier fondeur, et que raisonnablement suymes tenuz ayder à le parfaire ; mesme voyans que les
religieux, dont sont plusseurs aud. lieu et chascun jour y acroissent, seroint petitement soustenuz
et substantez si par nous n'estoint aydez, tant pour leurd. substance avoir que pour parfaire leurd.
ediffice, et pour aultres causes à ce nous mouvans, au jourduy, de nostre grace espicial, aumosne et
eupvre cheritable, et à ce que nous et nostre lignée soint à touz temps et de plus en plus partici-
pans au service et bienfaictz desd. religieux, avons voullu et ordonné... que lesd. religieux et frèrres
prescheurs de Guerrande aint et jouissent, pour le temps et terme de doze ans prouchains venans,
commenczans au dabte de cestes, de toutes les levées et revenues du numbre de cinquante cinq
eillectz de maroys à nous appartenans, situez esd. parties de Guerrande, partie desquieulx nommez
la salline neufve de la Forest, contenant quarante quatre eillectz de maroys, et en la salline Allain,
en bas, unze eillectz, qu'est led. numbre de cinquante cinq eillectz ; et d'iceulx avons dès à present,
purement baillé et transporté... l'usefruict, levées et revenues..., pourveu qu'ilz tiendront lesd.
cinquante cinq eillectz de maroys en bon estat, et lesd. doze ans revoluz les reendront et restitu-
ront à nous ou à noz hairs sans empeschement ne debat quelconque. Si donnons en mandement à
nostre tresorier et recepveur general et à noz receveurs de Nantes et de Guerrande, etc. Et à ce ont
esté presentz et assentans noz très chers et très amez enffans François, conte de Montfort, Pierre et
Gilles ; quieulx, en approuvant leurd. consentement, ont à cestes mis leurs signes manueulx.
Ainsi signé en l'original, Par le duc, François, Pierre, Gilles. — Par le duc, de son commandement, presentz : Mgr le conte, l'evesque de St Brieuc, Jehan Labé, Jehan de Vennes et plusseurs
aultres. — GODART. »

2544

Affranchissement du Boucheel pour Bertrand Huchet.

Copie du XVIIe s. (Bibl. nat., ms. fr. 22333, f° 20). — D. Mor., *Pr.* II, 1356, d'après l'orig. communiqué
par M. de la Bedoyère.

Au château de Succinio, 1442, 18 avril. — « Jehan... A tous... salut. Receue avons la supplication et humble requeste de nostre bien amé et feal secretaire Bertrand Huchet, contenant que,
comme puis nagueres il ait acquis heritellement ung hostel nommé le Boucheel, sis en la paroisse
de Talensac ; et soit ainsi que les demourans en iceluy hostel par avant led. acquest, ayent en
aucuns temps fait possession de contribuer aux fouages par nous ordonnés, et pour icelle cause

les paroissiens de lad. paroisse pourroient faire demande ès temps à venir aux demourans aud. hostel, et les contraindre esd. fouages payer..... Savoir faisons que nous, considerans les bons et agreables services que nostred. secretaire nous a fait dès sa jeunesse..., avons led. hostel et apartenances avec les demorans en icelui franchi... en perpetuité de tous fouages..., et rabatons auxd. paroissiens ung demi feu pour led. hostel. Si donnons en mandement à nos tresoriers, etc.

Par le duc, de son commandement. — DE VENNES. »

2545

Lettres de relèvement des promesses faites par J. de Malestroit à ses frères et sœurs.

D. Morice, *Pr.* II, 1357-1358, d'après une copie de M. de Robien.

Au château de Succinio, 1442, 24 avril. — « Jehan... A nos presidens, allouez, senechaux et procureurs de Rennes, de Brouerech, du ressort de Gouello et leurs lieutenans, salut. Receu avons l'umble supplication et requeste nous faite de la part de nostre bien amé et feal chambellan Jehan de Malestroit, sire de Kaer et de Beaumont, contenant que de deffunt messire Jehan de Malestroit, sᵉʳ en son temps desd. lieux, et de dame Johanne de Tremedern son epouse, issirent huit enfans, sçavoir trois fils et cinq filles. » Jean de Malestroit l'aîné des fils, auteur de la présente requête, ratifia, du vivant de ses parents et dans la seule crainte de leur déplaire, les donations faites par ceux-ci à plusieurs de ses frères et sœurs ; mais par suite de ces dons excessifs et d'ailleurs contraires à la coutume, le patrimoine va se trouver fort amoindri. « Pour ce est il que nous... nostred. chambellan relevons de toutes et chacunes les promesses qu'il a faites à sesd. frères juveigneurs et à sesd. sœurs, en le restituant à tous ses droits heritels... Si vous mandons, etc.

Par le duc, de son commandement. — BABOUIN. »

2546

Analyse (Invent. *Turnus Brutus,* nᵒ 1075).

1442, 4 mai. — « Mandement du duc Jan adressé aux gens des comptes de rabatre les feuz ainsy qu'il apartiendra et bailler telle provision qu'ilz verront l'avoir à faire aux parroessiens de la parroesse de Sᵗ Fregon, au diocese de Leon, contribuans au fouaige. — HAMON. »

2547

Franchise de fouages pour Jean Mabic.

Vidimus du 11 mai 1444 (Ar. L.-Inf., B, Anobl. et franchises).

A Lanruas, 1442, 5 mai. — « Jehan... A touz... salut. Comme à nous... appartienne donner franchizes, etc. Savoir fasons que nous, à la supplicacion et humble requeste de nostre amé subgit Jehan Mabic, dit Coquille le poursuivant, considerans les bons et agreables services qu'il nous a fait et espoir fera ou temps avenir ; en faveur mesmes de nostre très chier et amé cousin le sire de Tousteville, cappitaine du Mont Sᵗ Michel, duquel il est serviteur..., icelui Jehan Mabic avec Jehan

Mabic le jeune, son frère, de la parroaisse de Fougeré, leur hostel et herbregement estant au bourc dud. lieu et les demourans en icelui, avons aujourduy franchiz... de tout fouage... ; et avecques ce leur avons donné... l'inpost de deiz pippes de vin d'Anjou qu'ilz vandront et feront vendre par detaill .en leurd. meson par chascun an, jucques à quatre ans prouchains venans; et pour les des-susd. et en leur acquit rabattons et deschargeons aux paroaissiens de lud. parroaisse de Fougeré ung feu entier. Si mandons et commandons expressement aux tresoriers et receveurs desd. fouages, etc. Et en tesmoign de ce et affin qu'il vaille en perpetuel, nous avons signé ces presentes de nostre main et fait seller du grant seau en lacz de saye et cire vert.

Ainssin signé, Par le duc, de sa main. — Par le duc, de son commandement, presens : l'abbé de Beaulieu, Pierres de la Marzeliere et autres. — J. GODART. »

2548

Don de bois de chauffage fait aux Dominicains de Quimperlé.

Orig. scellé en cire rouge sur s. q. du sceau nᵒ 9 (Ar. Finist., H, f. des Dominicains de Quimperlé).

A Plaisance, 1442, 25 mai. — « Jehan... Aux garde, subgarde, vendeur, receveur et autres noz offi-ciers de nostre forest de Carnoet à qui de ce appartendra, salut. Pour estre ès prieres et oraisons des frères prescheurs près nostre ville de Kemperlé et pour autres causes ad ce nous mouvans, nous, de nostre grace, leur avons donné et donnons en aumosne pour leur chauffaige, du boais de nostred. forest jucques à la valleur de dix livres mon. Si vous mandons, etc.

PAR LE DUC¹. — Par le duc, de son commandement. — GODART.

Ce mandement fut deliberé sortir son effect et commandé par le duc, à Vennes, le xiiiᵉ jour de novembre l'an mil iiiiᶜ XLII. — PAR LE DUC². — GODART. »

2549

Affranchissement d'une maison à Nozay pour Pierre de Cherhal.

Vidimus du 8 mars 1443 (Ar. L.-Inf., B, Anobl. et franchises).

A Vannes, 1442, 1ᵉʳ juin. — « Jehan... A touz... salut. Comme à nous... appartienne donner franchisses, etc.; et soit ainsi que nostre bien amé et feal secretaire Pierres de Cherhal ait et lui appartienne une maison siise en la ville de Nozay, au bout des cohuaux de lad. ville, entre la maison Jehan Regnaud et sa femme et la maison Perrot Perrucel et sa femme ; Savoir faisons que, pour consideracion des bons et aggreables services que nostred. secretaire nous a faitz..., avons franchi... nostred. secretaire, ses hoirs et aultres demourans et qui pour le temps advenir demou-ront en lad. maison, de touz foaiges..., à jamais en perpetuel. Pour quoy mandons et com-mand ns expressement à noz tresoriers et receveurs generaulx et particuliers, seneschal, alloé et procureur de Nantes... rabatre et deschargez aux parroessiens dud. lieu de Nozay ung feu

1. Signature originale de Jean V.
2. Signature orig. du duc François Iᵉʳ qui, entre le 25 mai et le 13 nov., avait succédé à son père Jean V.

entier du numbre des feuz d'icelle paroaisse... En tesmoign de ce et à greigneur fermeté, nous avons signé ces presentes de nostre main et fait sceller de nostre seel en laz de saye et cire vert.

Ainsi signé, Par le duc, escript de sa main. — Par le duc, de son commandement, presens : les esveques de St Brieuc et de Vennes, le bastart de Bretaigne, les sires de Ploeuc et de la Marzeliere, l'ausmonier, Ivete, Mauleon et aultres. — O. GUENEMAR. »

2550

Anoblissement et franchise pour Jean Berresay.

Vidimus du 19 juillet 1449 (Collection de M. Guy Ropartz, au château de Lanloup, Côtes-du-Nord).

[1442, 12 juin] [1]. — « Jehan... A tous... salut. Comme à nous... appartienne... ennoblir et exempter, etc.; et soit ainsi que nostre feal et subgit Jehan Berresay, de la paroisse de Ploezunet en l'evesché de Treguer, lequel est homme d'oneste posicion, bon marchant, puissant de corps et de biens, assez disposé pour nous servir en armes, nous ait suplié... ennoblir... et exempter luy et ses hoirs masles... Savoir faisons que nous, à plain informez des puissance, facultez et bonne disposicion dud. Berresay, et que par lui nous pourrions estre suiviz et aydez dans noz voyages et mandementz quant le cas eschera, comme des aultres nobles de nostre duché, sellon son estat et faculté..., icelui Jehan Berresay et son hoir masle, demourant et qui demourera au principal hostel dud. Jehan à present en lad. paroisse de Ploezunet..., ennoblissons et exemptons de touz fouages..., et voulons que à lad. paroisse de Ploezunet soit pour ce rabatu du nombre de ses feuz demi feu. Si donnons en mandement à noz tresoriers, etc.

2551

Affranchissement des Cormiers pour Guillaume Michel.

Copie papier timbré, en tête d'un exploit du 4 mars 1728 (Ar. L.-Inf., E 838).

1442, 5 juillet. — « Jehan... A tous... salut. Comme digne, raisonnable et meritoire chose soit reconnoistre ceux qui au bien de la chose publique servent, affin que un chacun soit plus humain et curieux à le faire, et pour aucune exemple en montrer ; Sçavoir faisons que après avoir ouy parler des bons sens et vertus, ou fait d'apoticairerie, de nostre bien amé Guillaume Michel, demeurant en nostre ville et citté de Nantes, jà quatorze ans ou environ, le retenseimes nostre apoticaire, duquel office souventes fois dempuis nous a servy et que soit puis nagueres à la purgation des maladies nous survenues, en tel forme que, la grace Nostre Seigneur et la bonne diligence de nos phisiciens, de luy et autres qui la conduitte de nos regime et gouvernement avoient, suimes reduitz à reconvalesance ; mais après touttes cestes considerées, voulant led. Guillaume Michel entre autres recompenser, en reconnoissance des services par luy nous faits..., quittons et exemptons par ces presentes

---

1. M. le mis de l'Estourbeillon à qui nous devons la copie de cette pièce, nous informe qu'un trou dans le parchemin a causé vers la fin une lacune de huit lignes. La date du 12 juin 1442 qui termine la copie est manifestement celle du mandement des gens des comptes prescrivant l'exécution des lettres du prince, dont la date et les souscriptions font défaut. La partie utile du texte est d'ailleurs intacte. A défaut de la date réelle des lettres de Jean V, nous donnons entre crochets celle de l'exécutoire.

Perrot Meteu demeurant en ses maisons et maitairies des Cormiers, scittuées en la paroisse d'Orvault, et tous les autres maitaiers et demeurants esd. hotel et maitairies, chascun en son temps,
de tous fouages... et tailles. Sy donnons en mandement à nos senechal, alloué, provost et procureur de Nantes, » etc.; avec décharge d'un feu aux paroissiens d'Orvault. « Et à maire fermeté de
ce, nous avons fait mettre à ces presentes nostre seel en las de soye et cire verte.

Signé sur le reply, Par le duc, de son commandement. — DU TROLEY. »

2552

Anoblissement et franchise pour Pierre Olive et autres.

Deux vidimus du 27 juin 1443 (Ar. L.-Inf., B, Anoblis. et franchises).

A Nantes, 1442, 9 juillet.— « Jehan... A touz... salut. Comme à nous... appartienne ennoblir, franchir, etc. Savoir faisons qu'en faveur et à la priere et requeste de nostre très cher et très amé aisné
filz le conte de Montfort, qui nous a dit et remonstré plusseurs plesirs et services que Pierres Olive,
Raoul Olive et Piertes Cadiou et aucuns de leurs parens et amys lui ont fait le temps passé et font
continuellement de jour en autre..., icelx, avecques leurs hoirs masles procreés de leur char en
loyal mariage et chascun d'elx avons aujourduy ennobliz..., et voulons qu'ilz... demeurent à jamès
perpetuellement francs... de touz fouages...; et que pour eulx et en leur acquit soit rabatu et deschargé aux parroessiens de la parroesse d'Acigné où ilz sont demourans, ung feu entier pour touz
eulx ensemblement. Si donnons en mandement à noz chappitaine, seneschal, alloué et procureur
de Rennes, etc.; neantmoins que aucunement ilz se aident de fait de marchandie et qu'ilz usent de
bourse coustumiere, pour leur aider à leur vie et estat soustenir... En tesmoign de ce et affin que
ce soit chose ferme et estable à tousjours mais, nous avons signé ces presentes et fait sceller en
laz de saye et cire vert.

Ainsi signé, Par le duc, de sa main. — Par le duc, de son commandement. — J. BABOUIN. »

2553

Anoblissement et franchise pour Guillaume Becdelièvre.

Vidimus du 15 mars 1447 (Ar. L.-Inf., B, Anobl. et franchises).

Au château de Nantes, 1442, 12 juillet. — « Jehan... A touz... salut. Comme ainsi soit que nous...
appartienne... donner ennoblissemens, franchisses, etc. Savoir faisons que nous, oy le bon rapport
qui fait nous a esté des bonne vie et honneste conversacion de nostre amé subgit Guillaume Bec-
delievre, de la ville de Loheac en la paroesse de St André, en l'evesché de St Malo, icelui et son
filz ainsné et la maison où il demeure... avons aujourduy, de nostre grace especial, annobliz,
franchiz... de touz fouages... en perpetuel, en rabatant aux parroessiens de lad. parroesse ung feu
entier...; pourveu qu'ilz nous serviront en armes en noz afferes comme les nobles de nostre pais
le font et sont tenuz le faire. Si donnons en mandement à noz tresoriers, etc. En tesmoign de ce,
à valoir en perpetuel, nous avons signé ces presentes de nostre main et fait sceller de nostre grant
seel en laz de saye et cire vert.

Ainsi signé, Par le duc, escript de sa main. — Par le duc, de son commandement. — J. DU
TROLEY. »

2554

Mandement de protéger les moines de Buzay contre les vexations du sᵉʳ de Vigneux.

Orig. scellé en cire rouge sur s. q. du sceau n° 9 (Ar. L.-Inf., H 60, f. de l'abbaye de Buzay).

« A la Tousche, près nostre ville de Nantes », 1442, 15 juillet. — « Jehan... A noz procureur de Nantes, son lieutenant, noz huissiers d'armes et de chambre, sergens feaulx et subgitz qui sur ce seront requis, salut. De la partie de noz bien amez religieux et devotz orateurs les abbé et convent du moustier de N. D. de Buzay, nous a esté humblement exposé que sur certain proceis meu et pendant par davant nostre seneschal de Nantes entre lesd. religieux demandans, de leur part, et Guillaume des Rame et Marie de la Noc sa femme deffenseurs, d'autre part¹, sur le fait et par cause de deux chemins et voyes que ont demandé ceulx religieux avoir et leur estre ajugez vers ceulx des Rame et sa femme, à cause d'elle comme damme de Vigneu, à faire cherroier et tirer leurs foigns et levées de deux leurs isles siises et situées en la parroaisse de Sᵗ Estienne de Montluz, en nostre conté de Nantes, l'une appellée Quiriole et l'autre appellée Chalieres ; savoir est l'un d'iceulx chemins, comme de lad. ille de Quiriolle, à tirer et cherroier lesd. levées par ung pas, chaussée et charrau situé ou fié et en la seigneurie dud. lieu de Vigneu, qui s'apelle la Chaussée aux moennes de Buzay, à l'avoir neccessairement et par contrainte de justice, pour ce qu'ilz dient y estre bien fondez par lettres, tiltres et possessions, et que à tort et sanz cause led. des Rame les y avoit empeschez le temps passé et uncore y continuoyt ; et l'autre chemin à tirer de lad. ille de Challieres partie de leurs levées, à travers la vallée de Vigneu, à venir à une vallée nommée la Chaussée de l'abbaye, par priere et de courtoisie, tant qu'ilz y vouldront faire leur cherroy et trecte, pour ce que ailleurs convenablement ne profitablement ne pevent passer ; et en desdommagent lesd. des Rame et sa femme à esgart de justice, par autant qu'il pourroit estre trouvé qu'ilz y seroient endommaigez pour occasion dud. pas et trecte estant oud. fié de Vigneu, quel desdommaige ilz ont offert faire. Et après les causes et roisons oyes que ont voulu dire et alleger lesd. des Rame et sa femme affin d'empescher lesd. pas et trectes, et aucunes lettres apparues de leur partie que leur avoit baillé lesd. religieux ; et aussi les roisons oyes de la partie desd. religieux affin qu'ilz devoint avoir lesd. chemins, pas et yssues, et aucunes lettres anciennes et autentiques baillées des predicesseurs de lad. damme de Vigneu aux religieux dud. moustier d'avoir chemin et voye à tirer les foins et levées desd. isles, par lesd. pas, chaussée et charrau aux moennes ; et certaines emquestes et imformacions faictes à la requeste desd. religieux touchant les droitures et possessions allegées de leur partie, veues, leues et visitées, et la cause bien à plain ouverte et deliberée en jugement, en actendant discuter icelle cause en principal et en donner sentence, passé d'aucuns faitz dont lesd. parties estoint appointées à faire prouves. En ayant esgart mesmes à certain mandement patent s'adreczant à nostred. seneschal de faire lad. provision, et aussi savoir plus à certain quel dommaige lesd. des Rame et sa femme pevent avoir pour occasion de la trecte qui se feroit de lad. ille de Challieres à travers la vallée de Vigneu ; de quoy les tesmoigns sur ce interrogez n'ont sceu bonnement esclardir ne estimer led. desdommaige, pour ce que s'estoit le fié de lad. damme de Vigneu et que la trecte se fasoit après que la levée des foins est abiennée et amulonnée, avoit esté dit, jugé et de-

1. Cf. plus haut n° 2471.

cleré que pour ceste presente année et par maniere de provision, sanz desroger ne prejudicier aux droiz d'une ne d'autre part, lesd. religieux, par la caucion qu'ilz avoint baillée de fournir à tout le desdommaige et interest qu'il seroit dit par justice en appartenir auxd. des Rame et sa femme, lesd. religieux povoint et devoint avoir chemin et voye à tirer et faire tirer et cherroier par eulx, leurs marchans et charretiers, les levées de lad. isle de Quiriolle par lad. chaussée et charrau aux moennes, et à tirer et faire tirer les foins de lad. ysle de Challieres par lad. vallée de Vigneu à se rendre à la chaussée de l'abbaye. — Et neantmoins que ainsi ait esté baillé par sentence et deffendu auxd. des Rame et sa femme, à paine de cinq cens l. à estre appliquées moitié à nous et moitié ausd. religieux, de non empescher ne faire empescher lesd. religieux, leurs marchans et charretiers sur le fait desd. trectes, et qu'ilz aient esté prins et mis ès arrest et seurté de nostre court de Nantes, et fait savoir aud. des Rame et aussi qu'ilz estoint en nostre sauvegarde ; ce neantmoins led. des Rame, qui pou se remonstre obeissant à nostre justice et qui est bien coustumier de appeller des sentences qui sont données contre luy, pour ce que le temps passé lui avons esté gracieux des amandes qui vers lui nous appartenoint, s'est avancé d'appeller de lad. provision ainsi baillée, disant et s'est vanté qu'il n'en fera riens pour sentence qui en ait esté baillée, et qu'il gardera par voye de fait lesd. pas, tellement que lesd. religieux ne leurs marchans n'y passeront ne cherroyeront leursd. foins et levées, si ce n'est à son congié et plaisir. Et pour ce que telles desobeissances et entreprinses de voie de fait semblent estre en contempt et mespris de nous et de nostre justice, et que lad. provision de chemin ainsi baillée ne porte prejudice auxd. des Rame et sa femme en principal de cause, non fait elle en accessoire, attendu la caucion baillée, desdommagent à esgard de justice par autant qu'il sera trouvé le desdommaige se monter, considerans que lesd. ysles sont de la fondacion ancienne de noz predecesseurs, que sommes tenuz conserver et deffendre ausd. religieux, Vous mandons... que, oultre les deffenses qui ont esté faictes par nostred. seneschal ausd. des Rame et sa femme, vous leur faites uncores et de novel et à chascun d'eulx et à touz autres que verrez estre à faire, deffense de par nous, à la paine de deux mil escuz d'or estre appliquez à nous et auxd. religieux par moitié, de non troubler ne empescher, par eulx ne par autres, lesd. religieux, leurs marchans, charretiers et autres.....

PAR LE DUC [1]. — Par le duc, de son commandement. — DANICHES. — Le xvie jour de juillet oud. an fut ceste lettre veue u conseil de Mgr, ouquel : Vous, l'evesque de St Brieuc, l'abbé de Beaulieu, Jehan Labbé, maistre Regnaud Goudelin et autres estoint ; et par eulx deliberé sortir à effect, sauff en ce que l'execucion desd. iim escuz. Donné comme dessus. — A. BAUDOUIN. »

2555

Affranchissement de l'hôtel du Carrefour pour Guyon le Soudez.

Copies du XVIe s. (Ar. L.-Inf., B 1221, 7e livre des mandements, fos 269 et 270).

A Nantes, 1442, 17 juillet. — « Jehan... A tous... salut. Comme à nous... appartienne donner franchises, etc. Et soit ainsi que nostre bien amé et feal Guyon le Soudez ait et luy appartienne ung hostel et herbergement nommé le Carreffour, sis en la parroisse de la Bouexiere près Chevré, au

---

1. Cette signature — la dernière de Jean V que nous connaissons — semble avoir été faite d'une main mal assurée ; peut-être faut-il voir là un indice de la fin prochaine du duc.

diocese de Rennes; les demourans auquel ont acoustumé contribuer à fouages, en son très grand
grieff... Sçavoir faisons que nous, considerans les bons services que le père dud. Guyon nous a
faict le temps passé, à la requeste mesmes d'aulcuns noz proches serviteurs qui de ce nous ont très
affectueusement supplié et requis, aujourdhuy avons icelluy hostel nommé le Carreffour et les
demourans en icelluy franchiz... de tous fouages... à jamais perpetuellement, et que aux parroissiens de lad. parroisse... soit rabatu et deschargé ung demy feu. Si donnons en mandement à noz
tresoriers, etc. En tesmoing de ce, nous avons signé ces presentes de nostre main et faict seeller de
nostre seel en laz de soie et cire vert.

Signé, Par le duc. — Et sur le reply: Par le duc, de son commandement. — DANICHES. »

2556

Affranchissement de la Galopinière pour Perrot Vivien.

Vidimus du 29 février 1444 (Ar. I.-Inf., B, Anobl. et franchises).

A l'Angle, 1442, 31 juillet. — « Jehan... A touz... salut. Comme à nous... appartiengne donner
franchises, etc. Et soit ainsi que nostre bien amé et feal Perrot Vivien ait et luy appartiengne ung
hostel et metairie nommé la Galopiniere, situé en la parroesse de Querquefou ou diocese de
Nantes, les demourans ouquel hostel aient acoustumé contribuer à fouage, humblement requerent
sur ce nostre provision. Savoir faisons que nous... avons aujourduy franchi... les demourans
oud. hostel et metairie de La Galopiniere de touz fouages..., en perpetuel... Si donnons en mandement à noz tresoriers... senne chaulx, allouez et procureurs de Nantes, » etc.; avec décharge d'un
demi feu. « En tesmoing de ce et à grigneur fermeté, nous avons signé ces presentes de nostre
main et fait seller en laz de saye et cire vert.

Ainsi signé, Par le duc, de sa main. — Par le duc, de son commandement. — BABOUIN, »

2557

Concession de deux foires à l'abbaye de Saint-Jagu.

Copie du XVIIᵉ s. (Bibl. nat., ms. fr. 22340, fᵒ 13) [1].

A Rennes, 14.., 28 mai. — « Jehan, par la grace de Dieu duc de Bretagne... A tous... salut.
Comme à nous... appartiengne et non à autres l'institution, ordonnance et donnoison des foires et
marchez de nostre duché... Sçavoir faisons que, à la supplication et humble requeste de religieulx
hommes et honnestes noz bien aimez et feaux les abbé et convent du monastere de Sᵗ Jagu de

1. En tête de cette copie, on lit : pièce douteuse. Sans le croire faux, nous pensons que le modèle qui a servi pour
faire cette transcription était une de ces expéditions défectueuses transformées en minute, dont nous avons signalé
un autre exemple (nᵒ 1072). La date du 28 mai 1400 n'est autre chose qu'une date incomplète, et l'expression : « plusieurs des chambellans », dans la souscription, ne serait pas de mise sur un orig. en due forme. Le secrétaire Cador
ayant été institué le 9 juin 1407 (nᵒ 728), et la formule Par la grâce de Dieu, usitée seulement à partir de 1418
(introd., p. xxxiv), on peut admettre que notre document n'est pas antérieur à 1418. Mais ce serait aller trop loin de
conclure qu'il est de 1428, parce que Jean V se trouvait à Rennes le 25 mai et le 7 juin de cette année, et que l'itinéraire du prince n'offre pas d'autres exemples d'une semblable coïncidence.

l'Ille, et pour la specialle et singulliere devotion et affection que nous avons aud. monastere, duquel nous et nos predecesseurs sommes docteurs et fondeurs, nous... avons esd. abbé et convent, pour eulx et leurs successeurs abbé et convent dud. moustier, donné et octroyé... deux faires en chacun an au temps avenir, à estre et tenir annuellement ou bourg et en lad. ille de St Jagu et ès apartenances d'iceulx lieux ès fiefz dud. abbé : c'est assavoir l'une desd. faires au mardy prochain avant la Pentecoste, et l'autre d'icelles faires au jour saint Simon et saint Judes en chacun an ; voulant que toutes fois et quantes la feste desd. saincts sera et adviendra au jour de dimanche, que icelle faire sera transferée esd. lieux au jour prochain ensuivant ; à en jouir lesd. abbé et convent, pour eulx et leursd. successeurs, à tousjours mais au temps avenir, avec et des [devoirs, pe]ages et estallages, cohuaiges et autres proffilts, revenus et esmolluments appartenants à droit de faire... Sy donnons commendement à noz seneschaux et alloués de Rennes et de Dinan, etc. Et que ce soit chose ferme et stable à durer à tousjours mais, [nous avons fait mettre] et apposer à ces presentes nostre grand scel en laz de soye et cire vert. Donné en la ville de Rennes, le vingt huictiesme jour de may l'an de grace mil quatre cens.

Et sur le reply est : Par le duc, de son commendement, presens : plusieurs des chambellans. — J. CADOR. »

2558

Mentions dans : 1° une Déclaration faite le 12 mai 1679 pour la Réformation ; 2° un aveu du 16 déc. 1682 (Ar. L.-Inf., H 298, f. des Dominicains de Guérande)[1].

Lettres de concession aux frères prêcheurs de Guérande d'une foire franche, appelée foire de la saint Yves, laquelle se tiendra pendant trois jours à Guérande au faubourg Bizienne : la veille, le jour et le lendemain de la fête de saint Yves ; avec le droit pour les religieux de percevoir le devoir d'impôt et billot du débit de dix pipes de vin, ou de les faire débiter à leur profit.

2559

Visé dans une confirmation du duc François Ier, du 3 février 1444 (Ar. Finistère, H, f. de l'abbaye du Relec).

Lettres de concession aux religieux de l'abbaye du Relec d'une foire au bourg de Plounéour-Ménez, le jour de saint Laurent.

2560

Mention dans un ms. de la Réformation de l'évêché de Nantes (Bibl. de Nantes, n° 54756, v° Varades).

Lettres de franchise de fouages pour Jean Oudenadre, poursuivant du connétable de Richemont[2].

1. Tout ce que nous pouvons dire touchant la date de ces lettres, c'est qu'elles ne sont pas antérieures à 1409 : époque de l'établissement des Dominicains à Guérande.
2. C'est dans une Réformation de 1443 qu'on trouve l'indication de ces lettres du duc, à propos de l'exemption de la veuve d'Oudenadre.

2561 — 2562 — 2563 — 2564

Mentions dans des lettres confirmatives du duc François II, des 18 mars 1467, 26 février et 4 juin 1477 et 13 janvier 1487 (Ar. L.-Inf., B, livres de chancellerie : n° 5, f° 42; n° 8, f°ˢ 133 et 128; n° 10, f° 116).

— Lettres par lesquelles Jean V alloue à Jean Labbé, sa vie durant, une pension de 400 livres.

— Lettres de Jean V par lesquelles il donne à « Jehan Cardun, son serviteur, son chauffaige ès boays de Reuys, pour luy et ses hoirs en perpetuité [1]. »

— Lettres d'octroi aux habitants du quarteron (quartier) de Briort, en la paroisse du Port-St-Père, en l'évêché de Nantes, d'égailler leurs fouages séparément des autres paroissiens du Port-St-Père.

— Lettres de don à Jean le Felle de la garenne d'Erqui, saisie en la main du duc.

2565 à 2588 [2]

[2565]. — 1426, 9 janvier. — Lettres de commission à Jean Doguet, procureur général et à Robin le Veneur, procureur de Moncontour, pour enquérir du nombre des feux en la paroisse de Pommerit [3]. [B 1160, cahier xi].

[2566]. — 1426, 9 janvier. — Lettres de commission à Guillaume le Bahuno, alloué de Broerech et à Jean Guiemarhou, receveur d'Auray, pour enquérir du nombre des feux en la paroisse de « Ploemel. » [B 1160, cahier xlv].

[2567]. — 1426, 30 janvier. — Commission pour Jean Doguet, procureur général et pour Fouquet Regnart, bailli du ressort de Goëllo, d'enquérir du nombre des feux de la paroisse de « Ploeheudel. » [B 1159, f° 61].

[2568]. — 1426, 7 août. — Commission pour Jean de Malestroit, sire de Kaer, Bizien Toussin et Guyon Gourmellon, d'enquérir du nombre des feux en l'évêché de Tréguier. [B 1159, f° 273 et B 1160, cahier xxxii].

[2569]. — 1426 [4]. — Commission pour Jean Troussier, sénéchal de Lamballe et Jean Saoullet, sénéchal de St-Brieuc, d'enquérir du nombre des feux en l'évêché de St-Brieuc. [B 1158, f°ˢ 1 et 286 et B 1161, f° 70].

[2570]. — 1427, 1ᵉʳ septembre. — Commission pour Rolland de Coëtgourheden et Jacquet Estienne d'enquérir du nombre des feux de la paroisse de « Ploezunet », tant en la châtellenie de Guingamp qu'en celle de Lannion. [B 1159, f° 10].

1. On trouve un Jean Cardin, receveur de Rhuys de 1435 à 1444 (Ar. L.-Inf., B 2646, f°ˢ 209-210).

2. Pour économiser l'espace dans cette volumineuse publication, nous avons réuni en deux petites séries les actes assez nombreux — peu variés du reste dans leur objet — mentionnés dans plusieurs volumes de la Réformation. La première série est extraite des registres originaux de la Réformation pour les évêchés de St-Brieuc (Ar. L.-Inf., 1158), de Tréguier (Ibid., B 1159 et 1160) et de Vannes (Ibid., B 1161). La seconde série provient d'un État sommaire des feux pour toute la Bretagne (Ibid., B 1148).

3. Comme nous possédons une lettre analogue, du 29 déc. 1425, pour Pommerit-le-Vicomte (Actes, n° 1655), c'est vraisemblablement Pommerit-Jaudy qui est ici visé.

4. Ces lettres, datées seulement de l'année 1426 en vieux st., étant visées dans une enquête du 12 oct. 1426, ont par suite été données entre le 31 mars 1426 — date de Pâques en 1426 — et le 12 oct. de la même année. Cf. le n° 1660 relatant la commission de Troussier.

[2571]. — 1428, 25 mai. — Commission pour Jean Troussier, sénéchal et pour Louis le Nevou, alloué de Lamballe, d'enquérir du nombre des feux en la paroisse d'Yffiniac. [B 1158, f° 165].

[2572]. — 1431, 21 juin. — Commission pour Rolland de Coëtgourheden et Rolland Pinart, licutenant et receveur de Guingamp, d'enquérir du nombre des feux au « treff du Mouster Ruz, en la parroisse de Pedernec, ou diocese de Treguer. — Ainsi signé, Par le duc, escript de sa main. Par le duc, de son commandement. — G. BOURGET. » [B 1160, cahier XLIV].

[2573]. — [1434, 12 mai]¹. — Lettres d'anoblissement pour Alain des Boays, de la paroisse de « Plcmcit »; avec décharge d'un demi feu pour ses co-paroissiens. [B 1161, f° 110].

[2574]. — 1435, 23 novembre. — Commission pour Yvon de Roscerf, s^r des Salles, et pour Pierre le Cozic, d'enquérir du nombre des feux de la paroisse de « Landebazron. » [B 1160, cahier XIII].

[2575]. — 1440, 5 octobre. — Commission pour Yvon de Roscerf, conseiller et maître d'hôtel du duc, Pierre le Cozic, procureur de Guingamp et Henri de Murhorre, d'enquérir du nombre des feux de la paroisse de Bourbriac. [B 1160, cahier XVIII].

[2576]. — 1440, 6 octobre. — Lettres d'affranchissement de l'hébergement de St-Ernan en la paroisse de « Lausterc », en faveur de Perrot Kermadec, lequel s'est rendu « ès voiages d'armée que le duc ordrenna aller à Plermel et à Redon. » [B 1161, f° 1].

[2577]. — 1440². — Commission pour Pierre de Beauchesne et Jean de Gaincru d'enquérir du nombre des feux de la paroisse de Ruffiac. [B 1161, f° 360].

[2578]. — [1438-1440]². — Lettres de rémission pour Raoul Olivier, pauvre homme, « de certains cas de larreczin. » [B 1161, f° 360].

[2579]. — 1441, 16 janvier. — Commission pour Yvon de Roscerf, s^r des Salles et Pierre le Cozic, d'enquérir du nombre des feux de la paroisse du « Favoet, ou diocese de Treguer. » [B 1160, cahier XXX].

[2580]. — 1441, 27 janvier. — Commission pour Jean Rollant et Jean Gibon d'enquérir « touchant le numbre des demouranz ès fiez de l'abbé de St Guedas de Reuys, ès parroesses de Sarzau et de St Goustan en l'isle de Reuys. » [B 1161, f° 294].

[2581]. — 1441, 14 février. — Commission pour Guion de Carné et Thebaud Bino d'enquérir du nombre des feux de la paroisse de Beganne. — Signé, Par le duc. — BABOUIN. [B 1161, f° 449].

[2582]. — 1441, 5 septembre. — Commission pour Jean Rollant et Jean Gibon d'enquérir du nombre des feux de la paroisse de Riantec. [B 1161, f° 345].

[2583]. — 1442, 1er janvier. — Commission pour Eon Rolland et Jean Rolland d'enquérir du nombre des feux de la paroisse de St-Gonnery. [B 1161, f° 317bis].

[2584]. — 1442, 12 janvier. — Commission pour Jean d'Auray et Thebaud Bino d'enquérir du nombre des feux de la paroisse de « Ploemellec. » [B 1161, f° 302].

[2585]. — 1442, 16 janvier. — Commission pour Eon Rolland et Jean Rolland d'enquérir du nombre des feux de la paroisse de Baud. [B 1161, f° 150].

[2586]. — 1442, 12 mars. — Commission pour Jean le Roux, Guillaume de la Houlle et Pierre Joubelot d'enquérir du nombre des feux de la paroisse de « Reguini. » [B 1161, f° 349].

---

1. A défaut de la date réelle de ces lettres, nous donnons celle de leur vérification en la Chambre des comptes.
2. L'enquête de la paroisse de Ruffiac visant les n°s 2577 et 2578 est du 28 déc. 1440. Elle nous apprend en outre qu'Olivier avait obtenu ses lettres de rémission « puix deux ans. »

[2587]. — 1442, 25 avril. — Commission pour Jean d'Auray, Pierre du Combout et Alain de Talhoet d'enquérir du nombre des feux de la paroisse de « Laustenc. » [B 1161, f° 366].

[2588]. — 1442, juin. — Commission pour Jean Rollant et Jean Gibon, par suite de la requête du ministre et des frères de la Trinité de Sarzeau, d'enquérir du bien fondé de la réclamation de ces religieux afin de lever les dîmes en plusieurs frairies des paroisses de Sarzeau et de St-Goustan, dîmes qu'ils possédaient alors qu'en ces terres on « avoit acoustumé labbourer blez par avant les vignes y plantées de nouvel, » et dont la levée est faite par les officiers ducaux depuis le changement de culture. [B 1161, f° 7].

2589 à 2650

[2589]. — 1427, 10 septembre. — Lettres de commission pour Hervé le Ny et Derian Auffroy d'enquérir du nombre des feux de la paroisse « St Melaine de Mourlaix » (f° 149 bis).

[2590]. — 1427, 25 septembre. — « Mandement à Ernaud Daniel, receveur ou terrouer de Guerrande du fouage de XLII s. par feu ordrenné en juign mil IIIIe xxvi, du fouage de XIIII s. VIII d. ordrenné en decembre, du fouage de XXI s. ordrenné en mars et du fouage de XXI s. ordrenné en juign derrain passé, de laisser joir les parroessiens de St Nezaire de la quarte partie de chascun d'iceulx fouages, selon le nombre des feuz anciens; considéré aucune enqueste faicte en celle parroesse par feuz Jehan Couldebouc et Pierres de l'Ourme » (f° 12).

[2591]. — 1428, 7 mai. — Commission pour Guillaume Coessin, alloué, et pour Olivier Boullart, procureur de Guérande, d'enquérir du nombre des feux de la paroisse d' « Acerac » (f° 21).

[2592]. — [1428, juin][1]. — Lettres d'anoblissement pour Jean Potier; avec décharge d'un demi feu pour les paroissiens de « St Jehan »[2] en l'évêché de Vannes (f° 55).

[2593]. — 1428, 11 juillet. — Commission pour Jean Guiho d'enquérir du nombre des feux en « la frarie de Mellones » en la paroisse de « Maurre » (f° 108).

[2594]. — 1429, 28 février. — Lettres d'anoblissement pour « Jehan Boenart, aultrement Desprez, pour ce que il a mis en appareil d'armes ses filz aux sieges de Chastoceaux, Bouveron, à Dinam et ailleurs, et sont puissans de corps et de biens de servir Msr; et par ce qu'il est tenu se mectre en appareil d'armes quant il en sera requis; » avec décharge d'un tiers de feu pour les paroissiens de « Bohal, ou fié de Porhoet » (f° 44).

[2595]. — 1430, 13 mai. — Commission pour Jean Troussier et Raoul le Neveu d'enquérir du nombre des feux de la paroisse de « St Aulban et St Treuen » (f° 207).

[2596]. — 1430, 21 juin. — Lettres en faveur des paroissiens d' « Esquebien en l'evesché de Cornouaille » jusqu'alors taxés à XLVI feux, leur octroyant « provision à durer pour III ans avenir, par laquelle ilz sont ramenez à XL feux » (f° 67).

[2597]. — [1431, 27 avril][3]. — Commission pour Yvon de Kerouzeré, président, et Derrien Auffroy d'enquérir du nombre des feux de la paroisse de « Ploezoch » (f° 147).

[2598]. — 1431, 20 mai. — Commission pour me Jacquet Doguet et Alain Boyleve d'enquérir du nombre des feux de la paroisse de « Quempeneac » (f° 100).

1. Date de la vérification des lettres.
2. St-Jean-Brévelay, cce, Morbihan, arr. Ploërmel.
3. Date de l'expédition en la Chambre des comptes.

[2599]. — 1431, 3 juin. — Commission pour m^{es} Jacques le Bel et Jean de la Grangiere d'enquérir du nombre des feux en la paroisse d'Ancenis (f° 19).

[2600]. — 1432, 15 mai. — Lettres de franchise de fouages pour « Jehan Baden, mettaer de Olivier du Quirisec, demourant en son manoir de Kerguirzonnez; » avec décharge d'un tiers de feu pour les paroissiens de « Crah » (f° 40).

[2601]. — 1432, 21 septembre. — Commission pour Hervé le Ny, sénéchal de Cornouaille, d'enquérir du nombre des feux en la paroisse de « Penharz » (f° 69).

[2602]. — [1433, 16 mai] [1]. — Lettres de franchise de fouages pour le métayer de Jean Knech Rizien ; avec décharge d'un tiers de feu pour les paroissiens de « Ploneventer » (f° 131).

[2603]. — 1433, 18 décembre. — Commission pour Jean le Presbtre, alloué de Rennes, et Jamet Baude, d'enquérir du nombre des feux en la paroisse de « Laleu » (f° 195).

[2604]. — 1434, 2 juillet. — Commission pour m^e Jean Loysel et Jean Pelerin d'enquérir du nombre des feux en la paroisse d' « Escé » (f° 174).

[2605]. — [1434, 24 décembre] [2]. — Commission pour Jean Troussier, sénéchal de Lamballe, et Macé Bertier d'enquérir du nombre des feux en la paroisse de « Saint Groce » [3] (f° 233).

[2606]. — 1434, 27 décembre. — Commission pour Rolland de Coëtgourheden et Rolland Pinart d'enquérir du nombre des feux du « tret de Locgueltas et Magoer, apelez tretz de Coitbout, » en l'évêché de Tréguier (f° 156).

[2607]. — 1435, 6 novembre. — Commission pour Olivier du Boais, alloué de Dinan, d'enquérir du nombre des feux dans les paroisses de « Plaine Foulgiere » et de « Sains » (f° 234).

[2608]. — 1436, 5 février. — Commission pour Jean Pelerin et Jean le Caoursin d'enquérir du nombre des feux en la paroisse de « Demalain » (f° 195).

[2609]. — 1436, 1er mars. — Commission pour Jean le Presbtre, alloué de Rennes, d'enquérir du nombre des feux en la paroisse de « Basoges soubz Hedé » (f° 195).

[2610]. — 1436, 19 mai. — Commission pour Jean de Beaucé, procureur de Rennes, et Jean Mainfeny d'enquérir du nombre des feux en la paroisse de Langan (f° 234).

[2611]. — 1437, 13 mars. — Commission pour Alain Coaynon et Olivier du Meys, procureur de Fougères, d'enquérir du nombre des feux en la paroisse de « Romaigné » (f° 195).

[2612]. — 1438, 7 janvier. — Commission pour m^e Jean de la Grangiere et Guillaume Chausse d'enquérir du nombre des feux de la paroisse d' « Asnetz » (f° 31).

[2613]. — 1438, 7 mars. — Commission pour « mestre Thebaud Quenouaz, garde de la seneschaussie de Fougieres et Olivier de Meys, procureur dud. lieu, » d'enquérir du nombre des feux dans les paroisses de « Montours, la Selle en Coglais, le Chastellier, Mellé, Montaut, Parrigné » (f° 196).

[2614]. — 1438, 21 septembre [4]. — Commission pour Jean Troussier, sénéchal de Lamballe, et Jean Mainfeny, auditeur en la Chambre des comptes, d'enquérir du nombre des feux dans les paroisses de Notre-Dame de Jugon et de St-Malo de Jugon (f° 220).

[2615]. — 1438, 10 novembre. — Commission pour Olivier de Mès, procureur de Fougères, et Colin Berthet, d'enquérir du nombre des feux dans les paroisses de « Cogles, St Brice en Coglays, Poillé, St Sauveur des Landes, Villamers, Monstereul des Landes » (f° 197).

---

1. — 2. Date de l'expédition en la Chambre des comptes.
3. St-Judoce, Côtes-du-N., ar. Dinan, c^{on} Evran ; autrefois évêché de Dol.
4. Mentionné aussi (Ar. L.-Inf., B 1158, Réformation de St-Brieuc, f° 172).

[2616]. — 1439, 1er avril. — Commission pour Olivier de Meys, procureur de Fougères, et Pierre de Romelin, d'enquérir du nombre des feux dans les paroisses de Drouges et de « Retiers » (fos 167 et 181).

[2617]. — 1439, 1er avril. — Commission pour Olivier de Meys, procureur de Fougères, et Olivier du Plesseiz, d'enquérir du nombre des feux en la paroisse de « Combour Tillié » (fo 189).

[2618]. — [1439, 11 août][1]. — Commission pour Olivier de Meys, procureur de Fougères, et Colin Berthet, d'enquérir du nombre des feux dans les paroisses de Balazé et de « Talie » (fo 171 ro et vo).

[2619]. — 1439, 29 septembre. — Lettres de décharge de dix feux pendant six ans en faveur des paroissiens de « Ploemaugoer » (fo 149).

[2620]. — 1440, 2 avril. — Commission pour Charles de l'Espervez et Bertrand Sevestre d'enquérir du nombre des feux en la paroisse du « Viviez du Hirel » (fo 227).

[2621]. — 1440, 27 avril. — Commission pour Jean Troussier, sénéchal de Lamballe, et Pierre du Parc, procureur de Jugon, d'enquérir du nombre des feux en la paroisse de « Tremaign » (fo 220).

[2622]. — 1440, 2 mai. — Commission pour Jean Troussier et Rolland le Forestier d'enquérir du nombre des feux en la paroisse de Plestan (fo 207).

[2623]. — 1440, 4 mai. — Commission pour Jean Troussier et Jean le Picart d'enquérir du nombre des feux en la paroisse de « St Rio » (fo 205).

[2624]. — 1440, 8 juin. — Commission pour Jean Troussier et Jean le Moyne d'enquérir du nombre des feux en la paroisse de « Tregoma » (fo 205).

[2625]. — 1440, 11 juin. — Commission pour Pierre de Romelin et Jamet Baude d'enquérir du nombre des feux en la paroisse de Piré (fo 198).

[2626]. — [1440, 17 juin][2]. — Commission pour Jean Troussier et Jean Machefain d'enquérir du nombre des feux en la paroisse de « St Denoeal » (fo 219).

[2627]. — [1440, 30 juin][3]. — Commission pour Jean Troussier et P[ierre] Visdelou d'enquérir du nombre des feux en la paroisse de « Ploedelia » (fo 217).

[2628]. — 1440, 1er juillet. — Commission pour maître Jean Mainfeny, Jean Pelerin et Jamet Baude, d'enquérir du nombre des feux en la paroisse de « Chasteaugiron » (fo 198).

[2629]. — 1440, 13 juillet. — Commission pour Olivier du Meys et Colin Berthet d'enquérir du nombre des feux en la paroisse de « Remasiz » (fo 198).

[2630]. — 1440, 24 août. — Commission pour Pierre de Beauchesne et Guillaume Simon d'enquérir du nombre des feux en la paroisse de « St Laurens de Grenec » (fo 61).

[2631]. — 1440, 6 octobre. — Commission pour Pierre de Romelin et Yvon de Romelin d'enquérir du nombre des feux en la paroisse de Brecé (fo 173).

[2632]. — 1441, 31 décembre. — Commission pour Jamet Godart et Pierre de Beaulieu d'enquérir du nombre des feux en la paroisse de « Moaye » (fo 31).

[2633]. — Lettres d'anoblissement pour Perrot le Vaillant; avec décharge d'un feu pour les paroissiens de Sarzeau (fo 57).

1. Date de l'expédition en la Chambre des comptes.
2 — 3. Date de l'expédition en la Chambre des comptes.

[2634]. — Lettres de franchise de fouages pour « Jehan Delourme » ; avec décharge d'un tiers de feu pour les paroissiens de Loyat (fº 96).

[2635]. — Anoblissement pour « Louys Grateme » ; avec décharge d'un tiers de feu aux habitants de « Sᵗ Jouhan de Sᵗ Meen » (fº 97).

[2636]. — Franchise de fouages pour Perrot Guillemote ; avec décharge d'un tiers de feu aux paroissiens de « Montertelo » (fº 97).

[2637]. — Anoblissement pour Robert le Neveu ; avec décharge pour les paroissiens de Monterfil (fº 102).

[2638]. — Franchise de fouages pour Jean, fils d'Alain Bonnabes ; avec décharge d'un tiers de feu aux paroissiens de Ploërmel (fº 102).

[2639]. — Anoblissement pour Guillaume Levesque, de la paroisse de « Maurre » (fº 108).

[2640]. — Anoblissement et franchise pour « Georget Nysenz et Jouhan Nyzan, » paroissiens de « Miniac près Becherel » (fº 113).

[2641]. — Franchise de fouages, durant sa vie, pour Eon Pape ; avec décharge d'un tiers de feu aux paroissiens de Cavan (fº 151).

[2642]. — Franchise de fouages pour Jamet Labbé, paroissien de Pancé (fº 166).

[2643]. — Franchise de fouages pour Jean de la Pinczonnière, paroissien de Pancé (fº 166).

[2644]. — Franchise pour Guillaume Delot, sa vie durant, paroissien d'Ercé en la Mée (fº 178).

[2645]. — Franchise pour Jean le Divin, paroissien d'Ercé en la Mée, pour lui et ses hoirs (fº 178).

[2646]. — Anoblissement pour Perrot Boetel ; avec décharge d'un demi feu aux habitants de « Laleu » (fº 195).

[2647]. — Anoblissement pour Eon Gouvry ; avec décharge d'un feu aux habitants d' « Alineuc » (fº 202).

[2648]. — Anoblissement pour Rolland Chaton ; avec décharge d'un tiers de feu aux paroissiens de « Trebit » (fº 202).

[2649]. — Anoblissement pour Thomas Desprez ; avec décharge d'un tiers de feu aux paroissiens de « Ploessalla » (fº 203).

[2650]. — Franchise de fouages¹, sa vie durant, pour Olivier de Sᵗ Meen, « pessonnier de Mᵍʳ ; » avec décharge d'un tiers de feu aux paroissiens de Sᵗ-Brieuc (fº 209).

---

1. Mentionné aussi (Ar. L.-Inf., B 1158, Réformation de Sᵗ-Brieuc, fº 288).

SUPPLÉMENT

2651 (938)

Autorisation aux religieux de St-Melaine de transférer leurs foires du dimanche au lundi[1].

Vidimus du 15 sept. 1407 (Ar. Ille-et-Vil., H, f. de l'abbaye de St-Melaine, liasse 19).

A Nantes, 1407, 30 août. — « Jehan... A noz seneschal, aloué et procureur de Rennes et à touz... salut. Nous avons receu l'umble supplicacion de noz bien amez conseiller et religieux les abbé et convent du moustier de St Melaine près nostre ville de Rennes, contenante que comme entre les autres revenues et richesses dud. moustier, ilz aient pluseurs faires d'enciennement acoustumées estre tenues au jour de dimanche, et pluseurs rentes par deniers et autres devoirs que leurs hommes et subgiz leur ont acoustumé enciennement paier au jour d'icelles faires ; et, par aucunes ordennences que fist nostre très cher et très honneuré s^{gr} et père le duc, que Dieu absolle, sur la supplicacion d'aucuns de ses subgiz, de muer à autres jours les faires du jour de dimainche, le peupple a cessé et cesse de frequanter à celles faires, y marchander, negocier, vendre ne achater, pour reverence et honneur doud. jour de dimainche que le peupple desve garder sur toutes choses, dont nozd. abbé et religieux dient estre grandement endommaigez, tant ès prouffilz qu'ilz ont acoustumé prandre et avoir en celles faires que ou paiement de leursd. revenues, et plus encores pourroient avoir par heritaige, si par nous ne y estoit pourveu... Pour quoy nous... octrions que lesd. abbé et convent aient et puissent doresenavant avoir et tenir loursd. faires, c'est assavoir au lundi ensuivent dud. jour de dimainche, ès lieux où ilz ont acoustumé et doivent tenir lesd. faires aud. jour de dimainche. Si vous mandons... faire assavoir et bannir, etc.

Par le duc, en son conseill, ouquel : Vous estiez, l'evesque de Nantes, le president, mesire Jehan le Barbu, le tresorier de Rennes, le seneschal de Rennes, maistre Jehan de Bruc, le procureur general, mestre Guillaume Chevalier et autres. — EON DE LA FOSSE. »

1. Nous donnons ici le texte complet de ce document dont une analyse figure déjà dans notre recueil sous le n° 938.

2652

Sauvegarde pour les hermites Augustins de Vitré.

Orig. jad. scellé sur s. q. (Arch. nat., AA 55).

A Ploërmel, 1408, 26 mai. — « Jehan... A noz seneschal et aloué de Rennes... salut. Combien que en general toutes gens de sainte eglise avecques leurs beneffices en nostre duché soint, de noz droiz, souverainetez et nobleces, en nostre general sauvegarde; Ce nuiantmains, à la suplicacion et humble requeste du prieur et frères du convent des frères hermites des Augustins de Vitré, disans eulx doubter d'aucuns leurs malvuillens leur estre meffait ou donné empeschement en corps ou en biens, icelui prieur, les frères dud. convent et chascun, leurs gens, clers, familiers et serviteurs, avecques touz et chascun leurs biens, justes possessions et saesines quelzcunques, avons prins et mis, prenons et metons par ces presentes en et sobz noz proteccion, seurté et especial sauvegarde, à la conservacion de leurs droiz. Sy vous mandons... nostre presente sauvegarde faire assavoir et publier par ban et autrement en noz plez genneraulx et ailleurs publiquement ès lieux en tel cas accoustumez, et singullierement ès personnes et à chascune dont vous ou l'un de vous serez requis, et icelle faictes tenir et garder fermement senz enfraindre ; et à maire aparessance de nostred. sauvegarde et affin que aucuns n'en puissent ou doient ygnorance pretandre, mectez ou faictes metre, se requis en estes, noz pannonceaux ou escuçons ès huys, portes, maisons et habitacions dud. convent et sur leurs autres biens quelzcunques, en cas d'eminent perill, en les gardant de tort, de force, de viollance, de toutes molestacions, inquietacions et no[vali]tez indeuz.....

Par le duc. — CADOR. »

2653

Mention dans un mémoire judiciaire [1], au cartulaire des sires de Rays, n° 314, f° 334 v° (Ar. de M. le duc de la Trémoille).

[1408, août]. — Lettres d'état de causes octroyées par le duc en faveur de Guy de Laval, sᵉ de Rays, « quant alla en France en sa compagnie pour le servir. »

2654

Sauvegarde pour Aliette de Lusanger, dame du Pordo.

Vidimus du 30 mars 1409 (British Museum, Addit. Charters, n° 11417)[2].

A Vannes, 1409 n. s., 24 mars. — « Jehan... A noz seneschalx, allouez et procureurs de Nantes et de Guerrande... salut. Combien que generallement toutes femmes veuves estantes en nostre

. 1. Rédigé entre le 4 mars 1408 et le 2 février 1409 n. s., mais plus près de la dernière date que de la première. Le voyage en France dont il est question, est certainement celui que le duc fit à Paris d'août à nov. 1408 (V. itinéraire de Jean V). On peut du reste supposer que c'est encore à ce voyage que le prince fait allusion dans ses lettres du 5 janvier 1409 en faveur du sire de Rays (Actes, n° 1050).

2. D'après une bienveillante communication de M. Lemoine.

duchié soient, de noz droiz, souverainetés et noblesces, en et soubz noz protection, seurté et generalle sauvegarde ; Ce neantmoins, à la supplicacion et humble requeste de Aliete de Lusangé, dame
du Pordo, veuve de deffunct Jehan de Kervarin [1], disante soy doubter d'aucuns ses malvuillans lui
estre meffait ou donné empeschement en corps ou en biens, ycelle Aliette, ses enffens, clers, famil-
liers et scrviteurs, avecques touz et chascun ses biens, justes possessions et saisines quelxconques,
avons prins et mis, prennons et mettons par ces presentes en et soubz noz protection, seurté et
especial sauvegarde, à la conservacion de sez droiz. Si vous mandons, etc. Et à grigneur fermeté
d'icelle et affin que aucuns n'en puissent ou doient ignorer, metez ou fetes mettre, se requis en
estes, pannonceaux ou escuczons de noz armes aux huix, portes, maisons et habitacions de lad.
suppliante...

Ainsi signé, Par le duc. — FRESERO. »

2655

Mention dans une enquête du 27 juin 1411 (Ar. l.-Inf., E 74 ; anc. Tr. des Ch. L. G. 9, fo 78).

1411 n. s., 28 *février*. — Lettres de commission à me James le Flazne, sénéchal de la cour de
Guérande, d'enquérir, à la requête de l'évêque de Nantes, si « une maison et herbregement siis ès
forsbours de Guerrande, entre le courtill Maubec et le chemin par lequel l'en veit de la maison
Jehan Goellon et sa famme à la maison Henri Cordier et sa famme, estoit ès fiez et seignorie dud.
evesque et tenue de lui. »

•

2656

Concession à Pierre Éder de nouvelles garennes défendables au manoir de la Haye [2].

Orig. jad. scellé sur lacs (Collection de M. Guy Ropartz, au château de Lanloup, Côtes-du-Nord).

1413 n. s., 19 *février*. — « Jehan... A tous... salut. Comme à nous de noz droiz... appartient
donner licence de faire et avoir garennes deffensables ; Savoir faisons que nous, de nostre grace et
à la priere et contemplacion de nostre bien amé et feal cher et chambellan Pierres Eder, à ycelui
avons donné... congié, povoir et licence qu'il ait et puisse faire et avoir, pour lui et pour ses hoirs
ou temps avenir, garennes deffensables à conils, lievres, perdriz, fesans et autres volatures, en ses
herbergemens, demeures et appartenances de la Haye et en ses terres, fiefs et seignouries qu'il a
ès villages d'Averac, la Riviere et de Breveran et en leurs appartenances, tant en terres arables que
non arables, boais, prés, landes, pastures que autres choses appartenantes ausd. herbergement et
villages, celles choses situées et assises en la paroisse de Mirsillac en l'evesché de Nantes ; pour
en jouir par led. Pierres et ses hoirs perpetuellement, en oultre les garennes que lui et ses predecesseurs avoient anciennement en leursd. herbergement, demeures et appartenances de la Haye.

---

1. Le vidimus porte, paraît-il, Kermarin ; mais il n'est pas douteux qu'il faille lire Kervarin. De nombreuses pièces
des arch. de la L.-Infér. l'établissent ; notamment le testament d'Aliette de Lusangé, du 4 août 1413, laquelle élit
sépulture « en l'eglise des frères mineurs de Nantes, auprès de la sepulture de feu Jouhan de Kervarin, mon seigneur
espoux. »
2. Communiqué par l'intermédiaire de M. le me de l'Estourbeillon, ainsi qu'une autre pièce de même provenance qu'on trouvera plus loin.

Pourquoy mandons et commandons à noz seneschal, alloué et procureur de Nantes, etc. En tesmoing de laquelle chose et afin que ce soit et demeure ferme et estable à tousjours mais perpetuellement, nous avons fait sceller ces presentes de nostre grant seel en laz de soye et cire vert.

(Sur le repli) Par le duc, de son commandement, presens : le conte de Richemont, Mᵍʳ Richart de Bretaigne, les sires de Chasteauneuff et de Chasteaugiron, messires Georges Chesnel, Henry du Parc, Henry du Juch, Jehan de Kermellec, chᵉʳˢ, maistre Pierres de l'Ospital et autres. — J. MAULEON. »

2657

Main-levée du temporel de l'abbaye de Sᵗ-Mahé.

Copie papier du 13 mai 1416 (Ar. L.-Inf., B 124; anc. Ch. des comptes de Nantes).

A Vannes, 1414 n..s., 2 mars. — « Jehan... A noz seneschal, bailly et procureur de Leon, salut. Noz amez et feaulx les abbé [1] et convent de Sᵗ Mahé nous ont de present faict exposer en suppliant que comme ja piecza, sur aucunes choses contentieuses et debatues entre nostre très redoubté sᵣ et père le duc, que Dieu absoille, et lesd. abbé et convent, dont fut faict enqueste pour en savoir la verité, eust esté trouvé lesd. abbé et convent tenir et possider en noz fiez, par don et aulmosne faictz esd. abbé et convent, aucunes pieces de terre et numbre de blez sans estre amortiz, c'est asavoir : la veille mazure et courtil Jehan Geffroy et sa femme ou villaige de Guiguelen, huict seillons de terre à Saint en Rival, sept seillons de terre à Panlopry, le courtil à Poul Conech qui fut à Hamon Scozic, quinze seillons de terre près le courtil Nicolas Coibry, quinze seillons donnés aux religieulx en aulmosne par Yvon Mol et Laurens Raoul l'esné, deux boexeaulx froment de Yvon Lostis et sa femme, ung boexeau froment de Yvon Mahé pour dom Geffroy le Pradigou. Sur lesquelles choses...[2] en nostre main et saesine par nostre court, pour deffault de nous en faire homaige ou d'en avoir amortissement; et que depuis led. abbé nous a offert et encore soit prest nous verifier avoir faict homaige desd. choses à nostred. sᵣ et père et à nous ; pour cause duquel homaige faict, nostred. main fut autresfoiz source par noz lettres sur ce faictes, sauf à nous nostre droit de rachapt quant le cas y escherroit. Ce neantmoins, nostred. procureur donnez et mectez empeschement et debat esd. abbé et convent... Pour ce est il que nous... vous mandons... que nostre main mise et assize sur lesd. choses soit source et oustée...

Ainsi signé, Par le duc, à la relation du conseil, ouquel : Vous, l'evesque de Dol, les seneschaulx de Rennes, de Nantes, de Ploermel, de Guerrande et du Gavre et aultres pluseurs estoint. — J. CADOR. »

---

1. En 1414, l'abbé de Sᵗ-Mahé, innommé ici, était Jean Roussel (*Gallia Christ.*, t. XIV, col. 989). La même copie qui nous a conservé les présentes lettres de Jean V en renferme d'autres de Jean IV, du 14 mars 1396 n. s., où il est question de Jean Roussel abbé de Sᵗ-Mahé ; les lettres de 1396 sont d'ailleurs visées indirectement dans celles de 1414. Il résulte des termes des secondes que l'abbé était le même en 1414 qu'en 1396. Le document de 1396, en faisant remonter le gouvernement de Roussel au delà des dates données par le *Gallia*, rend par suite fort problématique l'abbatiat d'Yves III de la Pallu.

2. Le copiste a laissé en blanc un mot qu'il n'a vraisemblablement pu lire.

2658

Don de terres en Guérande à A. Ricze, maître d'hôtel, et P. Aldroviche, sa femme.

Orig. jad. scellé en cire rouge sur s. q. (Collection des demoiselles Galles, à Vannes)[1]. — *Annuaire du Morbihan*, 1893, p. 177-179.

Au château de l'Hermine, 1414, 25 septembre. — « Jehan... A noz bien amez et feaulx les seneschal, alloué, procureur et receveur de Guerrande, salut. Comme ja pieça nous eussions fait prandre et saisir en nostre main certaines terres, rentes et heritages que feu Hervé Guiomarho, autresfoiz nostre tresorier et receveur general, avoit acquises ou terrouer de Guerrande, d'un nommé Alain le Provost, pour la somme de troys cens quarante cinq l., en rabatant et en nous paiant d'icelle somme de ce que celui Hervé nous devoit à cause du reste en quoy il estoit demouré envers nous par la chambre de noz comptes, et eussions commandé au receveur qui pour le temps y estoit en faire les levées pour et ou nom de nous et à nostre prouffit. Et à present nostre bien amé et feal escuier Anthoine Ricze, maistre de nostre hostel, et Perronnelle Aldroviche, sa compaigne, damoiselle de nostre compaigne la duchesse, soient venuz devers nous et nous aient supplié que comme lad. terre yssist autresfoiz de la richesse de Batzvalan et du ramage, et que nous leur soions tenuz et leur devons par noz lettres et mandemens, oultre et par dessus la somme de deux cens l. dont nous les avons atournez et fait paier par maistre Guillaume Preczart, tresorier et receveur de noz extraordinaires, la somme de troys cens quarante l., il nous pleust ycelles terres et heritages leur laisser et transporter pour ycelle somme de troys cens quarante l. que nous leur devons, restans de cinq cens quarante l. dont leur avons baillé noz lettres et assignacions; Nous, considerans les bons et agreables services que yceulx Anthoine et Perronnelle sa compaigne, ont fait à Mgr le duc, dont Dieu ait l'ame, à Madame la royne d'Angleterre, et font continuelment chascun jour à nous et à nostre compaigne la duchesse, et mesmement que nous desirons nous acquiter envers eulx, avons voulu et octroyé... que yceulx Anthoine et Perronnelle aient et joyssent pour les temps à venir, pour eulx et pour leurs hoirs en perpetuel, d'icelles terres, rentes et heritages, parce qu'ilz nous ont quicté et quictent d'icelle somme de troys cens quarante l., dont ilz nous ont rendu noz lettres que nous avons cancellées et rompues. Si vous mandons, etc.

Par le duc, de son commandement, presens: Vous, l'evesque de Cornouaille et autres. — J. MAULEON. »

2659

Lettres de non-préjudice pour Jean d'Ust.

Orig. jad. scellé en cire rouge sur s. q. (Collection de M. le baron de Wismes).

Au château de l'Hermine, 1415, 19 juillet. — « Jehan... Savoir faisons que comme puiz nagaires, pour la fortificacion et repparacion de nostre ville de Guerrande, Nous aions ordrené entre

1. D'après une copie communiquée par M. le marquis Régis de l'Estourbeillon.

aultres chouses le dix^me du vin vendu en detaill en nostre terrouer dud. lieu, pour estre converty au fait desd. fortifficacion et repparacion, et que pour ce la mesure feust apeticée de la dix^me partie, Nous, de nostre grace especial, avoir octrié et octrions par ces presentes à nostre bien amé et feal escuier et chambelain Jehan d'Eust, que ordrenance que faicte en aions ne soit ne sorte à aucun effait en son prejudice de ce qu'il a acoustumé à bailler les mesures ès parroiesses de St Nezaire et de St André, en aucune maniere, et que ce que fait en avons ne puisse aucunement desroger à son droit; En mandent, etc.

Par le duc. — Par le duc, de son commandement. — G. Coglais. »

2660 (Quittance)

Orig. scellé en cire rouge sur s. q. du sceau n° 4 [1].

A Paris, 1416 n. s., 29 janvier. — « Jehan... Cognoessons et confessons avoir eu et receu de Denisot de Wylli, receveur pour Mgr le roy à Evreux des aides ordonnées pour la guerre, la somme de quarante l. t^s, à valoir deducion et rabat sur la somme de cinquante mil fr. à nous ordonnez par led. Mgr le roy oultre et par dessus la somme de cent cinquante mil fr. pour nostre mariaige. Quelle somme de xl l. t^s nous avons fait baillier à nostre bien amé Robert de Barjon [2], huissier de chambre de nostre très chiere et très amée compaigne la duchesse, et quelle lui devions pour certaines causes plus à plain contenues en certaine cedule signée des saign manuel et signet de Thomas Fenoill, autresfois nostre argentier...

Par le duc. — Par le duc, de son commandement. — Ivete. »

2661

Prorogation en faveur des dames de Laval et de Vitré du droit de jouir des revenus de leurs terres malgré la main-mise du duc.

Orig. jad. scellé sur s. q. (Ar. nat., AA 60).

A Vannes, 1417 n. s., 10 mars. — « Jehan... A noz seneschal, aloué, procureur et receveur de Rennes... salut. Comme après le decès de deffunct nostre feal oncle messire Guy de Laval, sire de Laval et de Vitré, père de nostre très chiere et fealle cousine damme Anne, à present damme desd. lieux, nous, à cause de noz droiz, eussions prins et sacsi et uncores de present à cause d'icelx noz droiz tenons en nostre main tous et chascun les fiez, terres et heritaiges qu'il tenoit de nous; soubz laquelle nostre main mise et sanz prejudice d'icelle et de noz droiz, nous dempuis, à la suplicacion et requeste de nostre très chiere et fealle tante Jehanne damme desd. lieux, vesve de nostred. deffunct oncle, et aussi à la suplicacion de nostre feal cousin le sire de Laval et de Vitré darrainement decedé, lors mary et espoux de lad. damme Anne, et d'icelle damme Anne mesmement, disans que

---

1. Nous devons à Mme v^ve Gabriel Charavay communication de l'original de cette quittance qui a figuré au catalogue la *Revue des autographes*, déc. 1892, n° 164.

2. Évidemment le même que Robert de Bargeon, *alias* de Baugeon, que nous avons rencontré en 1405 et 1406 (n°s 77 et 250). Le doute que nous avions émis sur la meilleure forme de ce nom, se trouve résolu en faveur de la première par le présent acte qui est un original.

icelx fiez, terres et heritaiges que led. deffunct nostre oncle tenoit de nous estoint et devoint estre quittes et exemps de baill et de rachat, eussions voulu qu'ilz et chascun d'elx en tant comme lui povoit toucher, teneissent la jurisdicion et joissent des fruz et levées d'icelles terres jusques à certain terme et deloy, ainsi que dedens icelui terme ilz nous imformassent suffisamment de leur donné entendre, ainsi que led. appointement, lesd. deloy, laps de temps et exploiz quelzcomques ne peussent porter ne porteront prejudice à nous, à nostred. main mise ne à noz droiz, ne aussi à nosd. feaulx tante, cousin et cousine ne à leurs droiz et deffenses, mais que led. deloy passé, si autrement dedens icelui n'estoit ordonné, nous et celx nosd. feaulx tante, cousin et cousine revendrions et demourrions en noz droiz et en pourrons joir et joirions chascun de sa partie; Et depuis ayons prorogié led. temps et deloy en l'estat dessusd. et sanz prejudice de nostred. main mise et de noz droiz, par plusieurs prorogacions de terme en aultre, desquelles prorogacions et termes l'un terme finit le xxvii° jour de juign l'an mil cccc et quinze, deparavant lequel jour, led. nostre feal cousin le sire de Laval et de Vitré, mary de lad. damme Anne est alé de vie à trespassement; et depuis son decès nous derechief, à cause de noz droiz, eussions prins et sacsi en nostre main tous et chascun les fiez, terres et heritaiges de la terre et baronnie de Vitré tenuz de nous, et pour ce nostred. feale tante damme Jehanne et nostred. fealle cousine damme Anne, vesve d'icelui deffunct nostre feal cousin, eussent envoié devers nous en nous suppliant qu'il nous pleust led. derrain deloy qui finit led. xxvii° jour de juign, prorogier et metre en avant jusques à un aultre terme pour nous infourmer des choses dessusd., et que durant celui temps et deloy elles et chascune d'elles, en tant comme lui touche, peussent sobz nostred. main mise et sanz prejudice d'icelle, exploicter en icelles terres en tenant et faisant tenir la jurdicion et en faire les levées en la maniere dessurd.; et, à leurd. supplicacion, lesd. deloiz et prorogacions par nous donnez jusques aud. xxvii° jour de juign, en continuant les aultres deloiz et prorogacions de par avant, eussons prorogié en l'estat jusques à la feste de la saint Michiel en Mont Garganne oud. an mil cccc et quinze, et du xviii° jour de septembre oud. an jusques à ung an et demi, affin que dedens celui temps nosd. tante et cousine nous imformassent, si faire se povoit, de leursd. deffenses; Et comme lad. damme Anne, nostred. feale cousine, ait presentement envoié devers nous aucuns de ses gens qui nous ont fait plusieurs requestes tant à cause de nosd. main mise que autrement, qu'il nous pleust sur ce leur pourveoir par voie amiable et sanz procès rigoreux; Et soit ainsi que pour plusieurs grans charges qui de present nous sont sourvenues, n'avons peu avoir laisir ne temps suffisant de povoir apointer et conclure esd. requestes, Savoir faisons que lesd. delaiz et prorogacions par nous darrainement donnez dud. xviii° jour de septembre oud. an mil cccc et quinze jusques à ung an et demi, en continuant les aultres deloiz et prorogacions de paravant, avons prorogié et prorogeons jusques à la feste de la saint Michiel prochain venant, affin que dedens icelui temps nosd. tante et cousine nous informent, si faire se peut, de leursd. deffenses et que par voye amoreuse sanz rigueur de procès lesd. choses puissent estre mises à bonne conclusion; Et voulons, durant ced. deloy et pendant nosd. main mises, et sanz prejudice d'icelles et de noz droiz, que icelles noz fealles tante et cousine et chascune d'elles, en tant comme lui touche, puissent faire tenir la jurisdicion et faire les levées desd. terres et heritaiges, parmy ce que cest et les autres apointemens dessurd., ce present deloy et les aultres precedens, les dessurd. exploiz, laps de temps et aultres choses dessurd. ne pourront porter ne porteront prejudice à nous, à nosd. main mises ne à noz droiz quelzcomques, ne aussi à nosd. tante et cousine ne à leurs droiz et deffenses; mais cest present deloy et prorogacion passez, nous retournerons et demourrons à noz droiz, en l'estat que nous estions au temps des deceis et après les deceis de nosd. feaulx oncle et cousin, les sires de Laval et de Vitré darainement decedez et de chascun d'elx, et en l'estat dud. xxvii° de juign en l'an que dit est; et aussi retourneront et demourront nosd. tante et cousine à leurs droiz et deffenses, et pourrons joir de noz droiz tout ainsi et par la maniere que nous peussions au temps desd. deceis et dud. xxvii° jour de juign en l'an que dit est. Pourquoy vous mandons et commandons, etc.

Par le duc, à la relacion du conseil; le vichancelier, le grant maistre d'ostel, l'archediacre de Rennes, messire Pierre Eder, maistre Pierre de l'Ospital et aultres presens. — CADOR. »

2662

Mandement de laisser Jean Niel jouir d'une « sergentie » au siège du Gavre.

Vidimus du 12 août 1418 (Ar. L.-Inf., B 130; anc. Ch. des comptes de Nantes).

A Vannes, 1417 n. s., 1er avril. — « Jehan... A nostre seneschal de Nantes, salut. Receu avons la supplicacion et humble requeste de nostre subgit et feal Jehan Niel, contenante comme Olivier Niel, son père, eust et lui aparteneist de son droit de heritaige un petit herbregement nommé Boecresoit, estant en nostre chastellenie du Gavre, lequel herbregement estoit subgit à faire une sergentie à nostre court dud. lieu du Gavre; et ou temps que nostre feal cousin le sire de Cliczon, derrain decepdé, tint la terre et chastellenie du Gavre, le père dud. supplient se feust conctraté dud. herbregement et appartenances o led. sire de Cliczon et le lui eust vendu et transporté pour le pris de seix vigns l. mon.; et led. sire n'eust tiltre à tenir led. herbregement fors par le transport que lui en fist le père dud. suppliant; icelui supplient a tant fait et esplecté par nostre court de Nantes à l'encontre de nos feaulx cousin et cousine les viconte et vicontesse de Rohan, heritiers principaulx dud. sire de Cliczon, que la presmece dud. herbregement lui a esté ajugé, faisant son debvoir du poiement, lequel il a fait; et ainsi appartient aud. supplient à jouir dud. herbregement o la charge de lad. sergentie, laquelle il a dempuix offert faire à noz officiers dud. lieu du Gavre, quelx ne ont voulu le y recepvoir, ainczois l'empeschent de joir dud. herbregement... Pour ce est il que nous, attendu qu'en nostre court de Nantes où l'on pourra trouver suffisante copie de conseil, ceste matere pourra estre trectée souverenement et de plain, et mains d'ennuy et detroit que ailleurs, veu que nostred. court est nostre plus prochain siege dud. lieu du Gavre, vous mandons... que vous faictes sur ce et aud. supplient bon et brieff droit.....

Par le duc, en son grant conseill, ouquel: le vichancelier, le president, les seneschalx de Rennes, de Ploermel, maistre Pierres de l'Ospital, les seneschalx de Treguer, de Guerrande et de Moncontour, de Dinan et de St Aubin, l'aloué de Broerech et autres pluseurs estoint. — CADOR. »

2663

Confirmation d'un accord réglant la succession des enfants d'Anne, dame de Laval et de Vitré.

Orig. jad. scellé sur s. q. (Ar. nat., AA 60).

A Dinan, 1419, 23 octobre. — « Jehan... A touz... salut. Comme contens ou prouceix fust meu ou esperé esmouvoir entre nostre bien amée et fealle cousine Anne, damme de Laval et de Vitré,

ou nom et comme tutrice et garde de Guion, André, Lois et Katherine de Laval ses enffens pupilles, de sa part, et noz bien amez et feaulx cousins Charles et maistre Guillaume de Montfort,
d'autre part, pour les causes et par la meniere contenues en certain troicté dont la teneur enssuit :
Comme plectz, contens et debaz fussent meuz ou esperez esmouvoir, etc. [1]. Savoir faisons que
nous, actendu les chouses dessurd. et oez les deliberacion et avis des dessur nommez, prouches
parans et amis desd. puppilles, qui paravant cez heures et en faesant et parlent led. troicté et adcord
nous firent rellacion que yceulx troicté et adcord estoint au proufilt et utille desd. puppilles, et veu
les consentement et voulenté desd. parties, nous supplians et requerans lesd. troicté et adcort voulloir auctoriser et y adjouster nostre decret..., auctorizons lesd. troicté et adcort... et adjoustons
nostre decret, et le avons jugé et jugeons à tenir selon la fourme et tenour d'icelx o les protesta-
cions et reservacions contenues oud. acord, que avons recepues à valoir à chascune desd. parties
en tent que de raeson sera.

   Par le duc, de son commendement et en son conseill : Mgr Richart de Bretaigne, Vous, les sires
de Chasteaubrient et de la Suze, les archediacres de Rennes et de Nantes, messires Pierres Eder,
Raoul le Sage, le procureur general, messire Robert d'Espincy, Pierre Ivete, Jehan Mauleon, Jehan
Frezero, le seneschal de Plancoet, l'aloé de Dinam et autres presans. »

                            2664 (1399)

   Lettres de non-préjudice aux dames de Laval et de Vitré pour l'octroi d'un fouage [2].

        Orig. jad. scellé en cire rouge sur s. q. (Bibl. nat., ms. nouv. acquis. fr. 3164, no 6).

   A Vannes, 1420, 16 avril. — « Jehan... A touz... salut. Comme pour conduyre la voie de fait
encommencée pour la vengeance du trayteux et mauvais cas commis par Olivier de Blays en nostre
personne ait esté par les prelaz, barons, chevaliers, escuyers et nobles de nostre pays de Bretaigne, en nostre absence et d'eulx mesmes, avisé et deliberé que il est chouse neccessaire et expe-
dient impouser et lever un fouage de saipxante un soult par fou generalment en tout nostred. païs,
savoir est presentement une moictié et à la feste de saint Michel prouchaine l'autre moictié, pour
estre les deniers qui pour ce seront levez mis et emploiez ou souldoy des gens d'armes mis sur,

   1. Par ce traité, du 22 oct. 1419, passé par la cour de Rennes au siège de Dinan, « en la presance de hault et puissant prince le duc mon souverain sr, » les parties, après délibération avec plusieurs parents et amis, « c'est assavoir : Mgr Richart de Bretaigne, messire Jehan de Malestroit, evesque de Nantes et chancellier de Bretaigne, les sires
de Chasteaubrient, de la Suze et de Raes, Bretram de Dinam, mareschal de Bretaigne, le sire de Combour, messire
Thebaud de Laval, sr d'Ebrée, messire Guy de Laval, sr de Mont Jehan, Jehan de Beaumenoir, sr du Bouis de la
Mote et de messire Jehan de St Gille, sr de Beleton, » transigent de la sorte : Anne de Laval demeurera tutrice de
ses enfans pupilles ; — les trois quarts des biens meubles de « feu Raoul, sires de Montfort et de la Roche, nagueres
decedé, » père « de Charles et maistre Guillaume de Montfort, oncles desd. enffanz, frères puisnez de leur feu père, »
appartiendront à Anne, l'autre quart auxd. Charles et Guillaume de Montfort ; — « au regart des bestes et avoirs
estans ès mectaeries des terres et pocessions dud. deffunt, et auxi des appareilz de guerre pour la deffense des forteresses, » ce qui en est ès terres baillées à Charles et à Guillaume leur demeurera, et semblablement ce qui s'en
trouve ès terres des pupilles leur restera ; — en cas de difficultés dans les estimations de meubles, le duc, du
consentement des parties, nomme arbitres : les archidiacres de Rennes et de Nantes, les sénéchal et alloué de
Rennes, messire Raoul le Sage et le procureur général de Bretagne. L'acte fut scellé du sceau du sire de Châteaubriant, au nom de Charles et de Guillaume de Montfort, et de celui du sire de la Suze, au nom de la dame de
Laval.
   2. Une analyse de ces lettres d'après deux catalogues de vente figure déjà dans notre ouvrage sous le no 1399.

pour conduyre et pourssuir le fait dessurd. et non en autre usage ; Et il soit ainssi que noz très chieres et très amées tante et cousine Jehanne et Anne, dammes de Laval et de Vitré, et lad. Anne aiante la garde, gouvernement et administracion de nostre très chier et très amé fils Guy de Laval, sire de Gavre, de Montfort et de la Roche, soy y soint consenties et voulu que fust levé en leurs terrouers et seignouries et de nostred. fils estanz en nostred. païs. Savoir faisons que nous, par la deliberacion et avisement de nostre consoill, avons voulu, voulons et otrions à nosd. tante et cousine et oud. nom, que ce que en a esté et sera fait et levé ne porte ne portera prejudice à nosd. tante, cousine et fils, à lours terrouers, nobleces et seignouries en aucune maniere ou temps advenir. Donné en nostre ville de Vennes, le xvi° jour d'apvril l'an mil quatre cenz et vignt.

Par le duc, à la relacion du conseil, ouquel estoient : l'evesque de Dol, le viconte de Rohan, lieutenant general de Bretaigne, le conte de Porhoet, le sire de Chasteaubrient, messire Henri du Parc, l'archediacre de Rennes et autres. — IVETE. »

2665

Révocation d'une donation faite à G. Normand au détriment d'A. de Mordelles.

Orig. scellé en cire rouge sur s. q. du sceau n° 6 (Collection de M. de Calan ; anc. Arch. de Château-Goëllo).

A Vannes, 1420, 30 septembre. — « Jehan... A noz seneschaulx, alouez, procureurs et receveurs de Treguer, de Gouelou... salut. Receue avons l'umble suplicacion de nostre bien amé et feal escuier Alain de Mordelles, contenant que un nommé Guillaume Normand, soubz umbre et couleur de nostre donnaison, disant et se vantant nous lui avoir donné et octrié les biens meubles et heritages que led. de Mordelles avoit et lui appartenoint en nostre duché, quelx il disoit estre à nous confisquez et acquis pour cause de ce que il disoit que led. de Mordelles avoit esté faucteur, sequace, complice et adheré de Olivier de Blais, ses frères et leur mère en la traïson par eulx et chascun commise en la prise et detempcion de nostre personne, et que, pour occasion de ce, led. Normand s'efforce prendre et apprehender detempcion et possession telle quelle desd. biens meubles et heritages appartenans aud. de Mordelles ; disant led. de Mordelles que combien que de long temps et ja piecza par avant la prise de nostre personne, il eust esté serviteur de Jehan de Blais, frère dud. Olivier et le servi en la guerre de France contre les Anglois et autres, après que nous fumes venuz à Chastoceaulx, il y vint et se rendit à nostre bien amé et feal ch°r et chambelain messire Jehan de Basoges, pour nous servir ; lequel messire Jehan avions commis à prendre les sermenz de ceulx qui le nous vouldroint faire, et de fait nous fist le serment en la main de nostred. chambelain et jura à nous servir ès temps de lors à venir contre lesd. de Blais et touz autres, bien et loyaument à son povoir, comme de ce avons esté bien et suffisamment infourmez tant par nostred. chambelain que autres ; et mesmes dempuis ce, a tousjours tenu et uncores tient led. de Mordelles nostre parti. Pour ce est il que nous... lad. donnaison autresfoiz faite aud. Normant desd. biens meubles et heritages aud. de Mordelles, revoquons et declerons de nulle valleur et effuit, en restituant et reintegrant led. de Mordelles, en tant que mestier est, en sa planiere possession et saisine desd. biens et heritages. Si vous mandons, etc.

PAR LE DUC. — Par le duc, de son commandement, presens : les sires de Chasteaubrient et de la Suceze, messire Henry du Parc, messire Alain de Pehhoait, messire Jehan de Basoges, le seneschal de Nantes et pluseurs autres. — R. PASQUIER. »

2666

Acceptation par le duc du serment de fidélité d'Alain de Mordelles.

Orig. jad. scellé sur s. q. (Collection de M. de Calan ; anc. Arch. de Château-Goëllo).

A Vannes, 1420, 4 octobre. — « Jehan... Savoir faisons que aujourduy en nostre parlement, Alain de Morselles nous a fait signiffier comme deparavant la traïson commise en nostre personne par Olivier de Blais et ses faucteurs et adherez il fut homme et subgit dud. Olivier, il s'estoit trait dever nostre bien amé et feal chr et chambelain missire Jehan de Basoges affin de luy faire serment de nous estre vroy obeissant et loyal subgit ; lequel le receut et luy en bailla sa lettre, laquelle nous a esté aparue, contenant la fourme qui ensuit : Je Jehan de Basoges, chr et chambellain du duc mon souverain sr, certiffie et faiz savoir par ces presentes que j'ey receu pour et ou nom de mond. sr le duc, de Alain de Morselles, son serment qu'il tendra le parti de mond. sr le duc ver touz et contre touz ceulx qui puent vivre et mourir, et l'onneur, estat et proufit de luy et de ses enffans gardera, soustendra et pourchassera à son lige poir, et leur revelera toutes les chouses qu'il pourra savoir qui aucunement leur pourroint nuyre soit en corps ou en biens. Et pour valoir aud. Alain ce que estre devra, je luy ay baillé ces presentes scellées du seel de Jehan Guimar, mis à ma requeste en l'abscence du mien, et signé de mon signet manuel, le xxie jour de juillet l'an mil iiiie et vignt. J. de Bazoges. — Sur quoy nous avons fait et faisons deffence à tous et chascun en general de non luy meffaire, luy donner trouble en corps ne en aucuns de ses biens et heritaiges...

Par le duc, en son general parlement. — J. GARIN. »

2667 (1454)

Accord avec le vicomte de Rohan touchant la châtellenie de Châteaulin [1].

Orig. jad. scellé sur s. q. (Bibl. nat., ms. nouv. acquis. fr. 3164, no 9 ; anc. Ar. de Rohan, Partages et testaments, no 95). — Vidimus du 22 oct. 1420 (*Ibid.*, no 8 ; anc., no 96).

A Vannes, 1420, 5 octobre. — « Jehan... A touz... salut. Comme nostre très chier et très amé cousin Allain, viconte de Rohan et sr de Leon, nous ait monstré et apparu certain appointement autresfoiz fait entre lui et Olivier de Blays, nagueres conte de Penthevre et sr d'Avaugour, sur et par cause de la partie, porcion et avenant que nostred. cousin demandoit à cause de son ayeulle, mère de sa mère, qui fut fille du sires d'Avaugour, aud. de Blays ès terres et richesses d'icelui sires d'Avaugour ; par lequel appointement et traicté fait entr'eulx, led. de Blays lui avoit promis bailler les terres et chastellenie de Chasteaulin en Cornouaille que tenoit par cause de gaige de traize cens l. de rente qu'il disoit que lui devions asseoir pour certaines causes, sellon la tenour des lettres et appointemens d'icelui engaige faisans mencion ; En voullant ainsi que de fait avoit volu celui de Blays que nostred. cousin tenscist celles terres et chastellenie en la forme et maniere que les tenoit led. de Blays ; dit et appointé entr'eulx que en cas que les acquiterions, que nostred. cou-

1. Une analyse de ce document a déjà figuré au présent ouvrage sous le no 1454.

sin auroit et se jouiroit des terres que nous baillerions pour le racquit desd. terres ainsi engaigées;
Et aussi comme nostred. cousin et belle cousine Beatrix de Cliczon sa compaigne nous aint
monstré que au partaige et appointement fait des terres de la sucession de nostre bien amé cousin
feu Olivier de Cliczon, traicté et acord avoit esté fait entre elle et Margarite de Cliczon, nagueres
contesse de Penthevre sa seur, par lequel ilz avoint volu que en cas que aucuns heritaiges seroint diminuez des parties que chascune d'elles prenoit et avoit en lad. succession, que l'autre con-
tribueroit à celle diminucion par autant que prenoit esd. heritaiges, ainsi mesmes que de droit doit
estre. Et nous ont dit que à cause du droit appartenant à feu nostre cousin le sire de Rieux, que
Dieux pardoint, ès heritaiges dud. de Cliczon, leur avoit convenu bailler et assairs cent l. de rente,
et mesmes avoint esté condempnez bailler et assairs quatre cens l. de rente à la dame de Ramefort
à cause du droit appartenant à messire Amauri de Cliczon son père, auxquelles charges devoit
fournir lad. Margarite de Cliczon pour la tierce partie, actendu que elle prenoit la tierce partie ès
heritaiges de lad. succession de leur feu père. Et soit ainsi que nous ayons et nous appartiengnent
par confiscacion, pour le cas de felonie et crime de lesse majesté comis desd. Olivier de Blays et
de lad. Margarite sa mère en nostre personne, et tenons en nostre main toutes et chascune les terres
et heritages que led. de Blays et sa mère tenoint en nostre duché, et ainsi devions poier les
charges en quoy ilz estoint obligez, et nous ont supplié que en ce leur vouleissons pourvoir et des
choses que dessus les poier et contenter; Et nous de nostre part, en ce que touche l'appointement
fait entre nostred. cousin et led. de Blays à cause de la porcion et avenant à nostred. cousin appartenant en la terre d'Avaugour, deissions en ce que led. de Blays avoit volu lui baillier les terres
et chastellenie de Chasteaulin pour traize cenz l. de rente, que n'estions pas acertaimez que pour
celle somme lesd. terres fussent engagées, et pousé que ainsi feust, si povyons nous les racquiter de
la somme pour laquelle elles estoint engagées, par les lui asseant en France; Et en ce que touche
la contribucion que nosd. cousin et cousine demandoint à cause des diminucions que dessus, di-
sions que lad. Margarite n'estoit pas estagiere en nostre duché, et que elle tenoit dehors nostred.
duché pluseurs terres et heritaiges et à plus grant valleur que celles que elle solloit tenir en nostre
pais, par quoy ne devrions point pourter tout celui feis et charge; nientmains, voullant complaire
à nosd. cousin et cousine, avons volu et voullons pour les causes dessurd. et pour en estre et demourer quictes, leur bailler et assairs le numbre et somme de douze cenz l. de rente, à leur estre
emplacées et assises ès parroesses de Ploaha, Ploesec, Yvias, Plurivo et Plenez, sans y comprandre
la ville et mectes de Penpoul, portz, havres, bris, peczois de mer, fiestz d'ygleise et de hospital, en-
trées et yssues, ne ce que la mer, par la plus grant marée l'an, peut copvrir, ne autres de noz droiz
de principaulté, et aussi sens y comprandre les foy, homage, droiz et obbeissance que nous avons
sur nostre bien amé et feal escuier Guillaume Preczart et sur son père et leurs hommes, fiez, terres
et heritaiges en lad. parroesse de Ploaha, quelles chouses nous reservons à nous. Et en cas que
celles parroesses, par la prisée qui en sera faicte, ne seroint trouvées valloir lesd. douze cens l.
de rente, le parsus leur parfournirons en celles parties; et dès le temps de present avons volu et
voullons que nostred. cousin ait et se joisse par heritaige desd. parroesses de Ploezec, Yvias, Plurivo et Plenez, les lui avons baillées et assises, exclus les chouses dessurd.; et au regart desd. deux
parroesses de Plurivo et Plenez, les leur avons assises et ordenné que nostred. cousin ait et s'en
joüisse par autant que en souloit tenir ou temps dud. de Blays et son père, à en joir pour lui, ses hoirs
et cause aiens à valloir en rabat sur lad. somme de douze cens l. de rente, sauff à estre celles quatre
parroesses par nous ainsi baillées à nosd. cousin et cousine, par autant que à chascun en peut tou-

cher, prisées bien et deument. Et pour ce que nostred. cousin disoit que celles quatre parroesses
que lui avons assises ne vallent pas lesd. douze cens l. de rente, avons volu et voullons que nostred.
cousin ait et se jouisse par la main de nostre receveur des lieux, par maniere de gaige, de toutes
les rentes et revenues de lad. parroesse de Ploaha, jucques ad ce que lesd. terres aint esté prisées
pour lui bailler et assair en icelles parroesses lesd. douze cens l. de rente : lequel prisage ordenons
estre fait dedans un an prouchain venant, ainsi que si par led. prisage estoient plus trouvées valloir, que en soit rescindé, et si mains estoient trouvées valloir, que les lui parfournissons en celles
parties en lieux convenables ; avons mesmes volu et voullons que en cas que, par inadvertence ou
autrement, nous manderions ou ferions aucuns mandemens au contraire, ou que nostre receveur
disimuleroit le poier en lui empeschant lad. levée de Plahha, que nostred. cousin en celui cas et
dès lors, la prisée non faicte, tout ce nonobstant face par sa main la levée et jouisse desd. rentes et
revenues desd. parroesses et de Ploaha et chascune, et s'en faire poier de lui mesmes jucques ad
ce que par l'aprisage et justice lui en soit fait recision, s'aucune y appartient. Et, ou cas que dedans led. an prochain venant lad. prisée n'aura esté faicte, nous voullons et octrions à nostred.
cousin, led. an acompli, qu'il jouisse pour le temps advenir et soy ensaisine de lui mesmes sans y
apeller nous ne noz officiers, entierement par heritalge et par sa main, desd. terres, rentes et revenues de Ploaha, à lui valloir et estre comptées en son assiete desd. douze cens l. de rente, sauff à
les faire priser quant nous ou lui verrions l'avoir affaire, et en estre rescindé ou acreu ainsi que de
reson appartendra ; et desd. terres et heritaiges desd. cinq parroesses et chascune, et de ce que lui
sera baillé en assiete desd. douze cens l. de rente, voullons, ordennons et octrions qu'il et ses
sucesseurs les tiennent de nous prouchement et s'en delivrent ou temps advenir à congié de personne et de menée à noz generaulx plez et par nostre court du ressort de Goelou, ès lieux où il
plera à nostre seneschal assigner lesd. plez en nostred. jurisdicion, nonobstant quelxconques use-
mens precedens ou autres choses ad ce contraires. Et en oultre, pour ce que nosd. cousin et cousine nous ont signifié qu'ilz n'ont peu joir à plain des levées de lad. terre de Chasteaulin, obstant
nostre main mise et le fait de nostre confiscacion, nous voullons et octrions que, nonobstant quelconque main mise, ilz joissent des levées et heritaiges de lad. terre de Chasteaulin escheues
jucques au temps de ce present transport. Si mandons et comandons à noz seneschal, alloué, tresorier, procureur, receveur et autres noz officiers, etc. Donné en nostre ville de Vennes, nostre
general parlement tenant.

Par le duc, de son commandement et en son conseil ouquel : l'evesque de Dol, le sire de Chasteaubrient, le vichancelier, les presidens, l'abbé de St Mahé, les seneschaulx de Nantes, de Plermel, de Cornouaille, maistre Salmon Periou, l'amiral, messire Henri du Parch et autres estoient.
— GRIMAUT. »

2668

Orig. jad. scellé sur s. q. (Bibl. nat., ms. nouv. acquis. fr. 3164, no 10; anc. Ar. de Rohan, Partages et
testaments, no 97).

A Vannes, 1420, 7 octobre. — « Jehan... Savoir faisons que en cest nostre present parlement
s'est comparu nostre très cher et très amé oncle Charles de Rohan, sr de Quemené Guingamp, à
la requeste duquel ont esté publiées de nostre expreix commandement les lettres qu'il a obtenues

de nous, dont la tenour s'ensuit : Jehan, etc. [1]. — Lesquelles lettres et tout le contenu d'icelles nous conferrmons, louons et aprouvons, et par nostre parlement les autorisons pour valoir à nostred. oncle pour les temps avenir, en voulant et voulons que elles sortent leur effet. Donné en nostre general parlement tenu à Vennes, le septiesme jour d'octoubre l'an dessusd. mil iiii^{xx} et vignt.

Par le duc, en son general parlement. — J. GARIN. »

2669

Extrait, dans un compte de Jean Sevestre, receveur de Dinan, pour l'année 1427, fo 14 (Communication de M. Tempier, archiviste des Côtes-du-Nord).

A St-Brieuc, 1423, 27 novembre. — Ordonnance octroyant diverses levées [dans l'étendue de la recette de Dinan entre le Couesnon et l'Arguenon [2]] : « Pour entrée de chascun tonnel de vin venant par la rivière de Loire et qui apparoistra relacion de l'un des receveurs de Nantes d'avoir coustumé aud. lieu, x sols. Pour chascun tonnel de vin du païs de Poitou ou d'ailleurs, qu'il n'ap- paroistra avoir coustumé à Nantes comme dit est, xx s. — Pour ce que aucuns des subgiz de Mgr et autres marchans frequentans par mer le païs de Bretaigne, souventesfoiz ilz descendent leurs vins et denrées par nuyt et autrement sens poyer les devoirs d'entrée, en deffraudant les droiz de Mgr et sens poyer les devoirs ainsi qu'ilz deussent faire, le receveur contraindra, par execucion et autre- ment, les marchans et autres qui achateront les vins et denrées amenées par mer et qui seront conduites et mennées par charroy et autrement ès mectes de sa recette, à luy poyer pour chascun tonnel de vin xxx sols. »

2670

Mention dans des lettres du roi François Ier, du 29 avril 1528 (Bibl. nat., Pièces orig., vol. 633, dossier 14903, no 4).

1425 n. s., 27 février. — Lettres d'anoblissement en faveur d'Olivier du Cellier, s^{gr} de Kercardre et de Kerisac, des terres de Kercardre et de Kerisac; avec autorisation pour lui et ses successeurs d'avoir colombier et refuge à connins et de jouir de tous les autres privilèges de noblesse.

2671 (1629)

Extrait (Ar. municip. de Tours, Reg. des Délibérations, t. III, fo 38 vo) [3].

[1425][4], 13 juin. — Lettres closes du duc aux habitants de Tours, dans lesquelles il déclare « avoir toujours eu et encores a parfait desir et vouloir au bien de la paix et union de ce royaume,

1. Ces lettres forment le n° 1425 du présent recueil.
2. Cf. n°° 1571 et 2044.
3. D'après *Le connétable de Richemond*, par E. Cosneau, 1887, p. 506-507, pièce justificative n° XXIII. Nous avons déjà donné sous le n° 1629 une analyse fort courte de cette missive, analyse empruntée à une citation de l'*Hist. de Charles VII* par M. de Beaucourt. Nous publions ici un extrait beaucoup plus étendu de cette lettre importante.
4. On a dit tout récemment (*La Bretagne et la fin de la guerre de Cent ans*, par S. de la Nicollière-Teijeiro, dans *Annales de Bretagne*, janvier 1895, p. 265, n. 1) que nous avions donné une date fautive à ces lettres du 13

et que à icelle parachever et conclurre, de sa part et puissance il tiendra la main, et, pour ce que pour icelle parachever, M⁰ʳ de Richemont son frère estoit venu par deçà accompagné de nobles gens d'armes, chevaliers et escuiers, et pour faire cesser les pilleries et roberies qui longuement, comme chacun scet, ont esté et sont en ce royaume, par le mauvais et desloyal conseil et gouvernement qu'il a eu et a du president de Provence et autres ses adherens, lequel president a clous et fait clourre la main à M⁰ʳ le connestable tellement qu'il n'a pu avoir ne recevoir finances pour le soudoiment de ses gens d'armes, et l'on a fait tout à contraire de ce que avoit esté ordonné au conseil du roy nostre sire, tenu à Chinon ; par quoy n'a peu vacquer ne entendre et faire ce que dit est et que conclut et ordonné avoit esté oud. conseil, et que il avoit et a eu bonne et saincte entencion ; et par les grant traïson et mauvaise voulenté que led. president et ses adherens ont maschiné contre led. M⁰ʳ le connestable, lui ont voulu et se sont efforcés de lui courre sus ; pour quoy, pour subpediter led. president et ses adherens, est il necessaire de ne leur bailler aucune entrée de villes ou forteresses, en priant auxd. gens d'eglise, bourgois et habitants de lad. ville de Tours qu'ils ne baillent aud. president aucune entrée en leur ville et ne lui donnent aucun confort ou aide ; mais le bon vouloir qu'ils ont eu et monstré par effet aud. M⁰ʳ le connestable ils tiegnent ferme, et que en verité M⁰ʳ le duc estoit et est prest de venir servir le roy en sa personne, à tout l'effort et puissance à lui possible, contre tous ses ennemis et que, pour le monstrer, enveroit par devers luy et led. M⁰ʳ le connestable son frère, Richart M⁰ʳ de Bretaigne son frère, accompagné de grant compaignie de gens d'armes, chevaliers et escuiers et gens de traict, paiez et sobsdoiez à ses despens pour deux ou troys moys. »

2672

Mandement d'ajourner É. Sauvage à la requête de G. de St-Gilles.

Orig. jad. scellé en cire rouge sur s. q. (Ar. du château de Callac ; communication de M. le mⁱˢ de l'Estourbeillon) [1].

A Nantes [2], 1425, 14 décembre. — « Jehan... Au premier nostre sergent... salut. De la partie de nostre bien amé et feal escuier Guillaume de St Gille, tant en son nom que comme procureur de sa femme, nous a esté exposé comme certaine sentence ou jugié ait esté donné par nostre court de Nantes pour et au prouffit de Eonnet Sauvage et contre nostred. escuier, esd. noms ; de laquelle sentence... ait appellé... Et nous a supplié le relever et lui donner adjournement sur led. Sauvage...

juin, ainsi qu'à celles du 14 formant notre n° 1630, en les attribuant comme nous l'avons fait à 1425, et qu'elles étaient en réalité de 1426. La raison qu'on allègue c'est qu'Arthur de Richemont est, dans ces lettres, qualifié de connétable, alors que celui-ci n'aurait été investi de cet office que le 7 mars 1426 en nouveau style.

L'auteur n'a qu'à parcourir la magistrale *Histoire de Charles VII* par M. de Beaucourt, pour voir que ce n'est pas le 7 mars 1426, mais bien le 7 mars 1425 en nouveau style qu'Arthur fut nommé connétable. Puisque notre contradicteur veut bien citer, à diverses reprises, le présent recueil, il nous suffira de le renvoyer au n° 1646, daté du 13 nov. 1425, dans lequel Richemont est dit connétable de France, et à notre Itinéraire de Jean V (avec son Supplément). Il résulte de celui-ci que les 13 et 16 juin 1426 le prince se trouvait à Vannes et non à Nantes, et que les 16 et 17 juin 1425 il était dans cette dernière ville, d'où est daté un des numéros incriminés.

1. Cf. n⁰ˢ 1648 et 1852.

2. Jean V se trouvant à Vannes le 13 déc. 1425 et quelques jours après à Auray (Cf. Itinéraire), on peut en conclure qu'il n'était point personnellement présent à Nantes le 14 déc. 1425. Du reste cet acte, non signé du duc, a été donné à la relation du conseil, formule qui n'implique pas nécessairement la présence du souverain.

Pour quoy nous toy mandons que tu adjournes led. Eonnet Sauvage à comparoir en la court de nostre parlement prouchain qui tendra au lundi prouchain après *Jubilate,* pour proceder en lad. cause d'opposition, en cas que elle y sera troitable...; (sinon) en nostre prouchain general parlement, etc.

Par le duc, à la relacion du conseill. — J. DE TOUSCHERONDE. »

2673

Franchise de traite sur 60 pipes de vin pour Robert Blondel et Robert Regnault.

Orig. jad. scellé sur s. q. (Bibl. nat., ms. nouv. acquis. fr. 3164, nº 11). — *Bibliothèque de l'École des chartes,* t. LIV, 1893, p. 126-127 [1].

A Redon, 1426, 12 mai. — « Jehan... A nostre amé et feal Jehan Alcaume, receveur general pour nous de la traicte de vingt solz pour pipe de vin yssant des païs d'Anjou et du Maine à nous ordonnée par Msr le roy, salut. Nous voulons et vous mandons expressement par ces presentes que vous faictes, souffrez et lessiez passer soixante pipes de vin, franchement et sans en prendre aucune traicte ne autrement, pour et ou nom de noz bien amez maistres Robert Blondel et Robert Regnault, demourans à Angiers, et la quele traicte, qui est de vingt solz tª pour chascune desd. soixante pipes yssans dud. païs d'Anjou et venant en nostred. duchié ou païs de Bretaigne, par eaue ou par terre, nous avons donnée... ausd. Blondel et Regnault, pour et en recompensacion du labour qu'ilz ont prins à faire une certaine et belle epistole composée en latin par led. Blondel et depuis translatée en françois et à nous apportée et presentée en ceste nostre ville de Redon par led. Regnault. Et par rapportant ces presentes avecques quictances sur ce suffisantes desd. Blondel et Regnault tant seulement, nous voulons lad. traicte, montant pour lesd. lx pipes de vin à la somme de soixante l. tª, estre allouée en voz comptes, etc. Donné en nostred. ville de Redon, le xiiᵉ jour de may, l'an de grace mil cccc vingt et six, soubz nostre signet, en l'absence de nos seaulx.

Par le duc, de son commandement, presens : le sire de Beaumanoir, le seneschal de Rennes, Pierres Ivette et autres. — PASQUIER. »

2674

Ordre de payer à Blanche d'Avaugour les arrérages d'une rente de 100 l. et d'en faire une nouvelle assiette.

Vidimus du 17 juillet 1426 (Bibl. nat., ms. nouv. acquis. fr. 3164, nº 12; anc. Ar. de Rohan, Actes notables nº 554).

A Vannes, 1426, 9 juin. — « Jehan... A noz seneschal et alloué de Gouello... salut. Receu avons humble supplication et requeste de nostre bien amée et fealle dame Blanche d'Avaugour, veufve de

---

1. C'est M. Lemoine, archiviste-paléographe, auquel nous devons, pour notre recueil, la copie d'une partie des actes de Jean V contenus dans le ms. 3164, qui, dans la *Bibl. de l'École des chartes,* a édité cette pièce des plus intéressantes pour l'histoire littéraire, en l'accompagnant d'un érudit commentaire.

feu messire Olivier de Mauny, s^{gr} de Tieuville, disante lui estre deu de sur la terre de Gouellou la somme de cent l. de rente chascun an, ainxi que aultresfoiz nous a apparu par lettres, que messire Geffroy d'Avaugour composa o son aizné s^{gr} de Goellou et dempuis ont esté poiées à messire Guillaume d'Avaugour, père de lad. damme Blanche, et leur en souloit faire poiement Olivier de Bloys, durant le temps qu'il tenoit celles terres, comme appiert par les comptez randuz aud. Olivier de Bloys et son père, que nous avons en la chambre de noz comptez, et par les noz durant le temps que lad. terre estoit en rachat, et que pour ce avons fait visiter et trouvé que ainsi est ; Et dempuis que celles terres ont esté à nous confisquées par la traïson que led. Olivier de Bloys a faicte à l'encontre de nous, ayons donné et distribué celles terres à nostre très chier et très amé frère le conte de Richemond et à nous très chiers et bien amez cousins et feaulx le viconte de Rohan, les sires de Chastaubrient et de Rieux et aultres, lesquelx se vieullent excuser chascun endroit soy de non poier lad. rente deue sur celles terres, et que led. Olivier de Bloys avoit acoustumé faire poier ou temps qu'il les tenoit, pour ce que chascun d'eulx dit qu'il ne tient pas toutes les terres et que aultres les tiennent ou aultres causes ; Et pour occasion de ce lad. damme Blanche estre en encie (*sic*) de estre poié de sad. rente dempuis que eusmes lad. terre en nostre main ; Et pour ce nous ait supplié que nous lui voulsissions pourveoir qu'elle fust poiée ou assignée en terre, desd. cent l. de rente avecques et des arrerages dempuis le temps que prensimes lesd. terres dud. Olivier de Bloys en nostre main pour lad. traïson par lui en nostre personne faicte, en nous considerant que trop sompteuse chose et prejudiciable lui seroit faire son proceix à l'encontre de chascun qui detiennent partie de lad. terre dud. Olivier, et son ypoteque et obliguacion de sa rente diviser envers chascun d'elx, que luy seroit moult prejudiciable, consideré que par raison n'est led. ypoteque divisible. Pour ce est il que nous..., pour ce que nous suymes acertennez, tant par les lettres qui ont esté monstrées à nous et à nostre conseill de la partie de lad. damme Blanche [que] par les comptez dud. Olivier et les noz durant le temps que lad. terre estoit en rachat, que lesd. cent l. de rente lui sont deuz et ausi que par nous lesd. terres ont esté aux dessusd. baillées et devissées, et par ce avons esté cause du retardement du poiement à lad. damme Blanche et serions pour le temps avenir de son prejudice et domage s'il lui convenoit à l'ancontre de chascun son accion mouvoir, et seroit à la charge de nostre conscience si nous n'y pourveyons en lui faissant ordrennance certaine par quoy elle puisse estre seure de son poiement..., voulons et octroyons que lad. damme Blanche soit poiée et assignée de sad. rente sur bon ypoteque et obliguacion, et auxi de ce que li en est deu dempuis que nous eusmes lad. terre en nostre main que elle en soit poiée et contentée sur la levée de lad. terre de Goellou ; et jucques ad ce faire, en continuent ce que aultresfoiz et du consentement de nostred. beau frère de Richemond nous avions prins et saisi en nostre main lesd. terres, avons aujourduy et de novel prins et saesi et par ces presentes prenons et saesissons en nostre main toutes et chascune lesd. terres que données et ordrennées avions tant à nostred. beau frère, nousd. cousins que à aultres oud. terrouer de Gouello, affin de les contraindre de acorder et appoincter par entr'elx de poier et contanter lad. damme Blanche de sad. rente. Si vous mandons, etc.

Ainsi signé, Par le duc, de sa main. — Par le duc, de son comendement et à son conseill, ouquel : le conte d'Estampes, Vous, les seneschaux de Rennes et de Cornoaille et autres estoint. — GODART. »

2675

Original (Arch. du château du Boyer)[1].

Au château de l'Hermine, 1426, 16 juin. — Lettres de pouvoirs de sénéchal de Vannes et d'Auray pour Pierre Loret. — « PAR LE DUC. — Par le duc, de son commandement. — GUILLEMET. »

2676

Évocation devant le duc d'une cause entre Blanche d'Avaugour et ceux qui devaient lui payer une rente de 100 l. sur la terre de Goëllo.

Inclus dans un procès-verbal des 3-5 sept. 1426 (Bibl. nat., ms. nouv. acquis. fr. 3164, n° 16).

A Vannes, 1426, 2 août. — « Jehan... A touz... salut. Receu avons la humble suplicacion et requeste de nostre bien amée et fealle damme Blanche d'Avaugour, veuffve de feu messire Olivier de Mauny, s^r de Tiuville, contenante comme à elle, de son droit de heritage, soit et appartienge avoir et joir du numbre de cent l. de rente, à estre prinses et levées par chascun an sur les terres et revenues de Gouellou et estre rendues et poiées par chascun an à chascune feste de saint Michiel en Monte Gargane à l'abaye de Beauport, à la peine de vignt s. mon. pour chascun jour de deffaut, et durant le temps que Olivier de Blays et ses predicesseurs tenoint celles terres, les père et mère et predicesseurs d'icelle supliante ont joy et eu le poyement d'icelles cent l. de rente par les officiers d'icelui Olivier de Bloays et ses predicesseurs, tant et par si long temps que memoire de homme n'est du contraire; Et soit ainsi que lesd. terres de Gouello soint à nous confisquées par la fauce et dempnable traïson que fist celui Olivier en nostre personne, et en aions fait baillée et livraeson à pluseurs, savoir est: à beau frère de Richemond, à beaux cousins le viconte de Rohan, les sires de Chasteaubriend et de Rieux, à messire Pierres Eder, Jehan de Kerouzeré, Pierres Ivete et autres, et que par pluseurs foiz celle supliante a esté devers nous et nous a informé celui numbre de rente lui estre deu sur celles terres et obtenu lettres de nous, en commandant que elle fust poiée et assignée de sad. rente, et pour faire esgaillement des rentes et charges deues sur celles terres, tant à elle que à eglises et autres, avions commandé et ordrenné que lesd. detemptours convenissent ensemble affin que chascun en poiast par autant comme chascun en tenoit, et partie d'iceulx se y estoint transportez et autre partie n'y avoient voullu obboïr ne entendre; et au derrain conseil general tenu en nostre ville de Vennes le ixe jour de juin derroin, sur la complainte et suplicacion que à nous en avoit faicte, nous informez que celles cent l. de rente li estoint deues, en affirmant nostre mise main d'autresfois, par deliberacion de nostre conseil avions prins et sacsi en nostre main les heritages que donnez et distribuez avions aux dessurd., en faisant commandement à noz officiers du ressort de Gouellou le faire tenir et garder, sellon que est plus à plain decleré par noz lettres patentes, lesquelles celle supliante, aux derroins generaulx plez du ressort de Gouellou, fist lire et publier; à l'execucion desquelles lesd. detemptours, par leursd. procureurs et officiers, s'estoint opposez chascun au jour de sa menée, en voullans dire, attendu le temps, qu'ils sont possesseurs d'icelles terres, que celle mise main n'avoit lieu; et est ainsi que ausd. plez nostred.

_____

1. En Mauron, Morbihan. La mention que nous donnons ici provient d'une communication de M. le m^{is} de l'Estourbeillon.

beau frère de Richemond se delivre au premier jour, et autres d'icelx detemptours au segond, au tiers et au quart, et dient n'estre tenuz oboir à celle court autrement, par quoy elle ne pourroit les y faire uniement à un jour venir, et se excusent chascun endroit soy de non poier celle supliante pour ce que chascun dit qu'il ne tient pas le tout desd. terres, et par celles vaies obliques ne pourroit celle supliante venir à conclusion de sa cause, n'estre poié desd. rentes, et li en sont les levées et arrerages deues du temps de seix ans derroins; quelle chose est grant charge de nostre conscience et perdicion de heritage d'icelle supliante, si par nous n'y est pourveu de remede convenable, si comme elle dit, humblement nous requerant qu'il nous plaise la faire assigner valablement desd. cent l. de rente pour le temps avenir, avecques li poier des arrerages du temps passé, et sur tout ce ordenner à nostre plaesir. Savoir faisons que nous, considerans que trop sumptueuse chose seroit à lad. dame mouvoir son procès et faire sa poursieute à l'encontre d'un chascun des dessusd. à qui avons [fait] don et transport desd. terres, par la court ordinaere dont les choses sont tenues, pour ce mesmes que à lad. court les dessusd. se delivrent à congié de personne et de menée et divers jours et non pas esgalment, obstant laquelle chose convendroit à lad. damme, si ainssi estoit, que elle y faeist sad. poursieulte comparoir auxi comme à touz les jours desd. plez qui durent seix jours ou plus, et faire procès vers un chascun desd. detemptours, d'une mesme cause, qui n'est pas chose raisonable et seroit ou grant prejudice et domage de lad. damme, car ypoteque n'est divisible, actendu auxi que nous serions cause du domage que lad. dame aroit en cest cas par les dons que nous avons fait desd. terres, dont nous tendrons nostre conscience chargée, et de bonne raison serions tenuz à hoster le trouble et impeschement qui sur ce par cause de nous li seroit mis vers quelcunque personne que ce soit; et pour lesd. causes et autres, inclins à lad. suplicacion, avons aujourdui, par deliberacion de nostre conseil, evoqué et evoquons lad. cause, sequelles et deppendences, par devant nous et nostre conseil à Vennes, à estre expedié en noz generalles assignences; en mandant et commandant à noz seneschal et alloué de nostre court du ressort de Gouelou proroguier lad. cause, sequelles et dependences et les parties deument ajournés pour y delivrer, et lour en deffendons la cognoissance et imposons silence, sauff à la renvoier quant verron l'avoir à faire, en mandant et commandant au premier nostre sergent qui sur ce sera requis à l'instance de lad. damme, y ajourner les dessusd. et chascun detemptours desd. heritaiges, et à nostre procureur general à lad. cause et poursuite se adherer avec lad. damme, et samblablement la poursuir et conduire comme nostre propre fait, car pour tel le reputons, et à nostre president et autres tenant nozd. assignences, et à noz bien amez et feaulx conseillers les gens de noz comptes de lad. cause en sentencier et determiner, et entre icelles parties deument appelées, faire bon droit et brieff acomplissement de justice. Et en oultre, pour ce que par les rolles, papiers et enseignemenz renduz en la chambre de noz comptes du temps des officiers d'iceulx de Blays, et des nostres mesmes durant le temps que celles terres de Gouelou cheurent en rachat, la verité dut en estre sceue plus clerement que par nulle autre vaye, et combien que chascun desd. detemptours tient desd. heritaiges et puet ou doit contribuer à la charge et au paement desd. cent l. de rente sellon la qualité de ce qu'il tient, nous voullons et ordonnons que nostred. president, les gens de noz comptes et autres de nostre conseil visitent les papiers et enseignemenz, afin que si le donné entendre de lad. damme est vroy, soit decleré quoy et combien chascun desd. detemptours doit contribuer et poier desd. cent l. de rente et des levées et arrerages du temps passé...

Ainssi signé, Par le duc, à la relacion du conseil ouquel: les seneschalx de Ploermel et de Vennes, Jehan Chauvin, Jehan Guarin, Eon Denisot et autres pluseurs estoint. — COAYNON. »

2677

Exemption du guet au château de S¹-Aubin-du-Cormier pour les sujets des sire et dames
de Laval et de Vitré.

Orig. jad. scellé sur s. q. (Bibl. nat., ms. nouv. acquis. fr. 3164, n° 15).

A Rhuys, 1427 n. s., 4 janvier. — « Jehan... A nostre amé et feal escuier et chambellan Bertran
de Montbourchier, nostre cappitaine de S¹ Aulbin de Cormier, salut. De la partie de nostre très
chier filz et feal Guy de Laval, sire de Gavre, en complaignant nous a donné entendre que
presentement et de nouvel vous voulez et vous efforcez par vous, voz lieutenans et commis, par
vertu de noz lettres patentes, de contraindre les hommes et subgis de noz belles tante et cousine
les dammes de Laval et de Vitré, ses aieule et mère, de pluseurs parroisses de leur terre et
baronnie de Vitré, à venir faire guet et garde à nostre chasteau de S¹ Aulbin, durant le temps de
l'esminent perill et dangier de ceste presente guerre; quelle chose dit que unques, de memoire de
homme, ne firent ne ne y furent contrainz, et ce estre ou grant grieff et prejudice de nosd. tante
et cousine et de leurs drois, et plus encore pourroit estre si pourveu ne leur y estoit, car toutes
et quantesfois que besoign a esté ès temps passez de reffors de guet à leursd. forteresces de Vitré
et de Chastcillon, leursd. hommes que voulez contraindre, ont accoustumé à y faire guet et le y
font encores quant leur est fait savoir et non ailleurs, et de present plus que unques mès en est
moistier à leursd. forteresces, attendu l'eminent perill de la guerre qui à present est sur les parties
de leursd. forteresces de Vitré et de Chastcillon, lesquelles forteresces sont slises ès frontieres
de la guerre et plus près que n'est nostre chasteau de S¹ Aulbin, et sont les parroisses de leurd.
baronnie, especialement celles d'entre Vitré et le Maine et celles d'entre Chastcillon et le Maine
et Foulgieres, ou la pluspart d'icelles, aussi comme toutes despeupplées et ne y demeure que genz
impotenz, femmes et petiz enffanz qui ne sont pas contraignables à faire guet, et celx qui y
povoint estre contrains sont, les uns prinsonniers aux Angloys et! mors en leurs prisons et
autrement, et les autres fuitifs et abscenz par cause de la guerre, et si de leurs subgiz de par deça
leursd. forteresces ne se aident auxd. guet et garde pour icelles, elles demoureront si pou
pourveues que inconvenient y pourra ensuir par deffault de guet; quelle chose n'est à sueffrir,
maiz, pour le bien de nous et de nostre païs et d'elles mesmes, est à y donner provision convenable,
nous requeranz humblement ycelle. Savoir faisons que nous, bien imfourmez du despeupplement
de partie de lad. baronnie des costez devers Normandie et le Maine, voulant leursd. forteresces
estre tenues de jour et de nuyct en bonne garde pour le bien de nous et d'elles, voulons et vous
mandons et commandons leur laisser la joissance de leursd. subgiz paisiblement et senz
empeschement quelconque leur y metre ne donner, ne senz les contraindre ne faire contraindre
par vous ne par autre à venir au guet de nostred. chasteau, et si aucunement vous y estes advancié
par vous, voz lieutenans ou commis, que, ceste lettre veue, cessez et vous et eix vous en deppartez
senz en plus large y proceder... Donné soulz nostre signet en abscence de noz seaulx.

PAR LE DUC. — Par le duc, de son commandement: le sire de Rieux et de Pleuch, Jehan de
Musuillac, messire Rolland de Saint Pou et plusieurs autres presens. — B. HUCHET. »

2678

Mention dans une lettre du 28 nov. 1428 (Plus loin, n° 2679).

Au château d'Auray, 1428, 2 octobre. — Ordonnance du duc prescrivant la levée en Bretagne notamment d'un impôt de 10 s. par pipe de vin, et d'un vingtième de leur valeur sur les draps et les toiles[1].

2679 (1822)

Lettres de non-préjudice aux sire et dames de Laval pour l'octroi de divers impôts[2].

Orig. jad. scellé sur s. q. (Ar. nat., AA 60).

Au château de la Bretesche, 1428, 28 novembre. — « Jehan... A touz... salut. Comme pour supporter les mises, charges et despences que de present avons à soustenir, tant pour le souldoy de de gens d'armes que puix nagueres avons ordenné estre mis surs, et pour pluseurs embaxades que avions envoiez devers plusieurs seigneurs et en divers lieux pour obvier aux inconveniens et perilz eminenz et pourveoirs au bien de paix de noz subgiz et de la chose publique de noz païs et duché, par l'advis et deliberacion de pluseurs des prelaz et barons de nostred. duché et des gens de nostre conseill, dès le 11e jour d'octobre derrain passé, en nostre chastel d'Auroy, aions ordenné estre levé en nostred. païs generalment certainz aides et impoustz, savoir est : sur touz vins de quelxconques lieux ou païs qu'ilz soint, venduz en detaill en icelui, soint d'estranges parties ou autres quelxconques, sanz en excepter fié d'eglise, de barons ne d'autres, pour chascune pippe de vin dix souls, oultre les devoirs accoustumez, et sur draps venduz en detaill, excepté sur bureaux que nous laissons francs dud. subcide en faveur du peupple, la vigntiesme partie de ce que seront venduz, et sur toutes toiles qui seront menées hors de nostred. païs par mer, pareillement le vingtiesme de la valeur desd. toiles, et certainz autres impoustz et aides plus à plain declairez en noz lettres sur ce faictes, à durer et estre levez lesd. impoustz et aides seulement pour un an, à commancer du jour que on commancera à les lever ; et depuis avons signiffié et fait savoir nostred. ordennance et causes d'icelle à noz très chieres tante et cousine et fealles les dames de Laval et de Vitré, et à nostre très cher et amé filz et feal le sire de Gavre leur ainzné filz, qui aucunement n'avoint esté presens à conclure lesd. impoustz et aides, en leur requerant y vouloir donner leur consentement en ce qu'il leur puet toucher, à cause des baronnies, terres et fiez que elles et nostred. filz de Gavre tiennent et ont en nostred. duché, et nosd. tante et cousine et nostred. filz, à nostred. requeste, aient octroyé et donné leur consentement en acquiessant à nostred. ordennance et provision en ce qu'il leur puet toucher, pour le temps dessurd. seulement, en leur donnant noz lettres de non leur porter prejudice pour le temps advenir l'exacion desd. impoustz et aides faicte sur leursd. terres, et de non les traire à consequence led. an expiré, et que des proceix et exploiz qui en pourront sortir et nasquir entre les cuilleurs et receveurs desd. impoustz et leursd. subgiz, pour obvier à la vexacion d'iceulx leurs subgiz, la congnoissance et juridicion

1. Touchant cette ordonnance, outre le n° 2679 (1822), voy. aussi le n° 1818.
2. Une mention insuffisante de cette pièce se trouve déjà au présent recueil sous le n° 1822.

d'icelle en demeure sur les lieux où ceulx aides et impoustz seront levez et où la contencion sera
meue et nasquie, et nous ne vueillons deroger à aucuns de leurs droiz et prerogatives accoustumez
en telx cas. Savoir faisons leur avoir octroyé et octroyons par ces presentes et voulons que leurs
octroiz et consentemenz dessusd. nous faiz comme dit est, ne leur puissent porter ne porteront
aucun prejudice... En tesmoing de ce nous avons cestes presentes fait sceller de nostre seel dont
nous usons en abscence des seaulx de nostre chancelerie.

PAR LE DUC. — Par le duc, de son comandement, presens : le sire de Chasteauneuff, l'archediacre du Desert, l'abbé de Beaulieu, Jehan Guiho et autres. — GODART. »

2680

Don au chapitre de St-Thomas du Louvre de l'hôtel des ducs à Paris, dit la Petite Bretagne.

Copie du 16 déc. 1592 (Ar. nat., S 1857, Collégiale de St-Thomas du Louvre, titres de propriété). —
Copie du XVIIe s. (Ar. du Ministère des affaires étrangères, France, no 1501, fos 39-40). — Jacques du
Breul, *Le Théâtre des Antiquitez de Paris*, Paris, 1612, in-4o, p. 798-799 ; et Paris, 1640, in-fo, p. 526-
527. — Félibien et Lobineau, *Hist. de Paris*, t. III, 1725, p. 75-76, d'après Du Breul [1].

A Guérande, 1429 n. s., 2 février. — « Jehan... A noz aimez les doyen et chappitre de l'eglise colle-
gialle Sainct Thomas du Louvre à Paris, salut et dilection. Soit notoire et evident à ung chascun que
nous attentivement considerans et au profond de nostre cueur rememorans que vous, qui nuict et
jour diligemment vacquez au service divin, et que vostred. eglise cy devant et par noz predecesseurs
ducz de Bretaigne avez esté fondez et dotez, et incessamment priez Dieu pour les ames des fidelles
trespassez, chantez et celebrez messes et divins services, et que vostre eglise est située et assize dedans l'encloz et murs de nostre maison ou hostel cy devant appellé la *Petite Bretaigne*, laquelle
nostre maison, à nostre grand regret, est de present en ruine inhabitable et deserte, dedans l'encloz ou masures de laquelle vous pourrez, Dieu aydant, y edifier ou construire bastimens ou jardins qui à vous et vostre eglise apporteront fruictz et utilité ; A ceste cause, nous, ayantz envers
vous et vostre eglise singuliere affection et devotion, desirans par ung bon changement des biens
terrestes convertir en celestes, et des transitoires en eternelz, en l'honneur de Dieu, de sa très glo-
rieuse Vierge et mère de Dieu et de sainct Thomas vostre patron, et aussy à la louange et gloire de
tous les sainctz et sainctes, et pour le remede et salut des ames de nous, nostre espouse, de nostre
cher amé et premier filz et de tous noz enfans, et à ce que plus diligemment et devotement vacquiez
au service divin, tellement que par les dons de charité sentiez en voz necessitez avoir esté aydez,
nous, icelle nostre maison ou hostel cy devant appellé la Petite Bretaigne, libre et exempte de
toutes charges et service, toutesfoys à present en ruine et en plus grand partye demolie, et tout ce
qui est dedans et dehors en longueur, circuit et profondeur, le lieu comme il se comporte et estend
de toutes pars, avec ses deppendances, confrontations, jardins, terres et masures devant et derriere
et de tout costé, avec tous ses franchises et libertez, droitz et appartenances quelconques, pour par

---

1. Ces lettres dont l'orig. semble aujourd'hui perdu ont été dans le principe rédigées en latin, ainsi qu'on l'a fait
pour plusieurs actes en faveur des églises, et c'est dans cette langue que Du Breul les a publiées d'après l'orig. La
traduction fort exacte et inédite que nous donnons ici date vraisemblablement de 1592 ; en tout cas, les notaires au
Châtelet dont la copie orig. nous est demeurée, déclarent qu'ils l'ont collationnée sur l'orig. écrit en latin. La transcription du Ministère des affaires étrangères a été faite sur la copie française des Arch. nationales.

vous et voz successeurs doyen et chappitre de lad. eglise, dès à present et à tousjours paisiblement, librement et pacificquement, comme en main morte à tousjours tenir et posseder, par ces presentes, en consideration de pieté pour Dieu et en pure et perpetuelle aulmosne, de nostre pure liberalité, purement et sans jamais le revoquer, à vous et à vostred. eglise octroions et donnons, ne voulans riens retenir par devers nous ny les nostres, vous et vostre susd. eglise par ces presentes lettres mectons en possession reelle, corporelle et actuelle d'icelle maison ou hostel, ses droictz et appartenances susd. Et quant à la maison avec ses appartenances estans dedans l'encloz ou murs dud. hostel, que Pierre de Nantes, ainsy que l'on dict, tient à tiltre de loyer à ferme ou aultrement, pour oster toute calompnie et tout trouble ou doubte et pour le tout convertir en vostre proffict de vous et de vostre eglise, nous voulons et ordonnons ces presentes lettres de donation et concession et ce qui y est contenu sortir effect, nonobstant tout bail à ferme, location quelconque qui pourroient estre par cy devant faictz par noz procureurs, et toutes lettres et contenuz en icelles, mesmes toutes et chascunes les distractions, alienations en quelque sorte faictes, lesquelles par ces presentes cassons et annullons et n'aurons agreables, ains voulons et declairons icelles estre de nul effect, force et vertu. Et oultre humblement requerons et prions nostre sᵉʳ et parent le roy et ses venerables consciliiers et officiers, si de ce faire ilz sont requis, qu'ilz leur plaise vous et vostre eglise maintenir, garder et conserver en possession pacificque de la donation et octroy susd., et en faveur de nous vous estre favorables et benings. Toutes lesquelles choses à ce qu'elles soient fermes et stables, nous avons faict mectre à ces presentes noz lettres de don et octroy nostre seel.

Signé, Johan. — Et sur le reply, Par Mᵍʳ le duc, en son conseil : Vous, Mᵍʳ le conte d'Estampes, l'abbé de Beaulieu, le grand maistre d'hostel, l'archidiacre de Desert et plusieurs aultres presens. — PLESSEYS[1]. »

2681 — 2682 — 2683 — 2684

Mentions dans un compte de Guillaume du Thuou, receveur de Guérande, fᵒˢ 28 et 29[2].

1430, 3 juillet. — Mandement à Guillaume du Thuou, receveur de Guérande, de payer à Bertrand Huchet, procureur dud. lieu, la somme par lui prêtée au duc à Nantes sur les taux et amendes du temps à venir.

— 1430, 13 juillet. — Quittance du duc aud. G. du Thuou de la somme de 20 l. à lui baillée « pour mettre et employer en certaines choses et affaires secretz[3]. »

1. « Et scellé en cire vert où est la figure d'ung homme armé à cheval, soubz lacz de soye de couleurs rouge blanche et verte. »

2. Ce compte, original sur papier, fait partie des archives du château de Callac [cⁿᵉ de Plumelec, Morbihan] Nous en devons la communication à M. le marquis de l'Estourbeillon.

Plusieurs feuillets ont été arrachés ou — le premier notamment — partiellement déchirés. Cet accident a fait disparaître les dates initiale et finale du compte qui devaient être relatées à son début; mais un inventaire (Ar. L. Inf., B 2646, fᵒ 42, cote 367) citant un compte de Guillaume du Thuou, receveur de Guérande, s'étendant du 13 juillet 1430 au 16 juin 1431 et conclu à Vannes le 28 juin 1440, nous ne croyons pas nous tromper en rapportant au compte conservé la mention de l'inventaire. En effet, la date de conclusion est la même dans les deux sources; en outre, au fᵒ 44 de l'orig., on lit que les gages du receveur lui furent comptés du 10 juillet 1430 au 16 juin 1431. La mention dans le compte, officiellement antérieur au 16 juin 1431, de mandements du 1ᵉʳ et du 8 oct. 1432, n'a rien d'extraordinaire: les actes en question se rattachant à des recettes et des dépenses contemporaines dudit compte et celui-ci n'ayant été mis au net que plus tard.

3. On trouve au même compte (fᵒˢ 28 et 29) cinq autres quittances ducales. L'emploi des sommes versées par

— 1430, 8 août. — Mandement à G. du Thuou de payer 12 écus « à Jehan de Boaisbrassu, pour mettre et employer ès affaires secretz de Mᵍʳ. »

— 1430, 10 août. — Quittance du duc au même receveur de « c solz qui furent baillez à Jehan Treillette, varlet à pié de Mᵍʳ. »

2685 — 2686 — 2687

Mentions au même compte, fᵒˢ 28 et 29.

1430, 8 septembre. — Quittance du duc à Guillaume du Thuou, receveur de Guérande, des sommes suivantes par lui payées au duc et « qui furent distribuez en ses aulmosnes et affaires secretz par les parcelles qui ensuyvent, savoir : par Jamet Godart, vignt une l.; par dom Kerrier, seix l.; par l'abbé de Beaulieu, seix vieulx escuz d'or et LXV s. mon. Item, par led. abbé, tant pour messes, bras de cire et chevelices à mᵍʳ sainct Anthoine, LXXIII s., IIII d. Item, pour une robe à la recluse de Guerrande, quarante cinq s. Item, à jouours d'abateaulx, vignt s. Item, au varlet de Meschinot pour une robe en poyement d'un espervier, LXXV s. Item, à Pierres Trobelin pour ung tabart que mond. sᵍʳ (le duc) avoit eu, quarante cinq s. Quelles parcelles se montent, y compris dix l. qui furent baillez à Jehan de Cleux, savoir : par veil or, VI escuz vieulx, par mon., LIII l., III s., IIII d. »

— 1430, 15 octobre. — Mandement à G. du Thuou de payer XX l. « à Robert Stofrelan, serviteur de Mᵍʳ. »

— 1430, 24 octobre. — Mandement au même de payer XII l., VII s., VI d. « à Michel de Partenay, pour mettre ès affaires secretz de Mᵍʳ. »

2688 — 2689

Mentions au même compte, fᵒˢ 29 et 43.

1431 n. s., 28 février. — Quittance du duc à Guillaume du Thuou, receveur de Guérande, des sommes « qui ensuyvent, savoir : pour les despans de LXXVI compaignons, tant arbelestriers, archers que mariniers, qui furent de Guerrande par la ripviere de Loire en deux baleiners au service de mond. sᵍʳ jucques à Chantoceau, oultre deux lomans et doze cherpentiers qui apareillerent l'un desd. baliners, IIIIˣˣ III l., XIIII s., X d. Item, pour la despance de treze gentilz hommes qui furent esd., XVIII l., X s. Item, à la main de mond. sᵍʳ, qui furent baillez à Jehan de Cleux, enfent de chambre de mond. sᵍʳ, pour un cheval que il avoit eu de Olivier Lescouble, serviteur de mond. sᵍʳ, deux vieulx escuz d'or et vignt l. mon. Quelles parcelles se montent ensemble, par or, II vieulx escuz, par mon. VIIˣˣ II l., IIII s., X d. »

— 1431, 14 mars. — Lettres concédant au « dean du Champ d'Auray le devoir d'issue de seix vigntz treze muyz de sel, mesure de Guerrande. »

G. du Thuou n'étant pas autrement spécifié que par celui d'affaires secrètes, il suffira de donner ici les dates et le montant de ces quittances : 4 nov. 1430, 20 l.; 5 nov. 1430, 15 l.; 19 nov. 1430, 12 l., 10 s.; 8 mars 1431 n. s., 12 écus; 29 avril 1431, 3 écus et 58 l.

2690 — 2691

Mentions au même compte, f⁰ˢ 3o et 42.

1432, 1ᵉʳ octobre. — Mandement à Guillaume du Thuou, receveur de Guérande, de payer LXI l. « à Simon Delhoye, garde robier de Mgʳ le compte de Monfort, pour certain bris d'un vesseau qui brisa ès parties de Guerrande environ la Toussains mil IIIIᶜᶜ xxx¹. »

— 1432, 8 octobre. — Mandement au même de payer « à Guillaume Gillet, garde des papiers et actes de la court de Guerrande, pour ses paines et diligences de faire et retraire les taux et amandes ordinaires de lad. court, » à raison de 15 l. par an.

2692 (2067)

*Évocation aux plaids de Rennes d'un différend entre le comte de Laval et le vicomte de Coëtmen touchant les foires et marchés de Tonquédec*².

Vidimus du 12 janvier 1434 n. s. (Collection de M. Guy Ropartz, au château de Lanloup, Côtes-du-Nord).

A Vannes, 1433³, 25 décembre. — « Jehan... A noz seneschal et alloé de Rennes et à noz procureurs general et particuliers en Bretaigne gallo, salut. Receu avons la humble supplicacion et requeste de nostre très cher et très aymé filz le conte de Laval, contenant comme il ait et lui appartienne en nostre pais et terrouer de Goelo et de Treguer certaines villes marchandes enciennes et bien fondées, savoir est la ville de Ponteff et la ville du Vueill Marché, bien et grandement edeffiées et continuelment pourveues de denrées et marchandisses et de tout ce qui est neccessaire en celles parties, au bien et confort de tout le pais, ausquelles villes marchandes a marché commun et notable en chascune d'icelles villes et pluseurs foires en chascune d'icelles par chascun an, savoir est aud. lieu de Pontroff, au lundi par chascune sepmaine le marché, et pluseurs foaires en l'an, sauf à declerer, et aud. lieu du Veill Marché, au mercredi par chascune sepmaine le marché, et trois ou quatre foaires par chascun an; par raison desquelles foaires et marchez le peuble et les marchans hantent et frequentent à sesd. villes, lesquelles par cause de ce en sont mielx edef-

1. D'autres passages du même compte (f⁰ˢ 22 et 43) nous apprennent que ce navire était un « vexeau d'armée des parties de Bourdeaux, qui brisa à la coste de Pihiriac environ le xxvᵐᵉ jour d'octobre mil quatre centz trante. » On y trouve le détail des épaves vendues à divers acquéreurs ; outre trois ancres, le « hobans » et autres accessoires du gréement, on voit figurer là tout un petit arsenal : « harnoys, capelines, boucliers, coustilles, paviers, lances de mer, une arbalestre d'acier, un gantelet, deux garde braz, une arriere braz, un cuyssot, la visiere d'un bacinet, une plates rompues, 7 douzaines et demie de petites dardes, 22 saiettes, 17 viretons. » La vente produisit 91 l. 10 s., dont le tiers, soit 3o l. 10 s., fut abandonné aux sauveteurs.

2. Cette pièce a déjà figuré dans notre ouvrage sous forme de mention (nᵒ 2067). M. Gaultier du Mottay l'avait signalée, avec la date du 2 janvier 1433, en note d'une autre lettre de Jean V (nᵒ 2086). Tout en conservant dans notre recueil la date du 2 janvier 1433, nous faisions remarquer que la pièce pouvait fort bien être du 2 janvier 1434 en nouveau style. La communication qu'on nous a faite du document signalé par M. G. du Mottay nous a permis de reconnaltre que le mandement ducal est en réalité du 25 déc. 1433, et que la date du 12 (et non du 2) janvier 1433 v. s. qu'on trouve à la fin, est celle du vidimus.

3. Une déchirure dans un angle du parchemin a fait disparaltre de la date le chiffre des unités. La leçon 1433 — à laquelle, étant donnée la date du vidimus, on devait songer à priori — est certifiée par le texte. Celui-ci nous apprend en effet que l'année où il fut rédigé, la saint Pierre (29 juin) coïncida avec le lundi.

fiées et soustenues, au proufit de nostred. filz et de tout le païs, et si environ celx lieux l'on vouloit croier ne fonder de nouvelles foires ne marchez, ce seroit à la diminucion et destrucion de sesd. villes et en son très grant domage et prejudice, et seroit ses rentes et revenues très grandement decheuz et diminuez et sesd. villes frostes, vacantes et inhabitées. Ce neantmoins nostre feal et subgit le viconte de Quoetmen, soubz umbre et couleur d'aucunes lettres qu'il dit avoir obtenues, s'efforce avoir et tenir foires et marchez à Tonquedec, savoir est au lundi par chascune sepmaine, auquel jour est par chascune sepmaine led. marché en lad. ville de Pontreff tant anciennement qu'il n'est memoire du contraire, et celuy lieu de Tonquedec où n'a d'abitacion que doux ou troys pouvres maisons, est à mains de doux leues dud. lieu du Vueill Marché, et sont les fez et hommes estagers de nostred. filz, près et adjaczens et à mains de demie leue dud. lieu de Tonquedec, sur lesquelx led. Quoetmen vouldroit et entendroit avoir cohercion, et juridicion sur les hommes de nostred. filz au jour des foaires et marchez qu'il s'efforce avoir et tenir aud. lieu de Tonquedec, en tant que lui seroit souffert et tolleré et en seroit lessez, et les seignouries de nostred. filz mains desirez et habitez, par quoy ses rentes et devoirs y descherroint à grant valeur et estimacion. Aussi puet avenir les foires de nostred. filz moult souvent au jour du lundi, et en cest present an y est avenu une foaire qu'il a aud. lieu du Veill Marché au jour de la feste saint Père, et par cause de ce seroint sesd. villes et ses fiez desporveuz, deshabitez et frostz, à très grant domage et diminucion des revenues de nostred. filz. Et combien qu'il s'en feust et soit aplegé par nostre court de Rennes à l'encontre dud. viconte de Coetmen qu'il ne povoit avoir foaires ne marchez aud. lieu de Tonquedec, et que mesmes par noz lettres patentes [1], à la complainte de nostred. filz qui nous avoit donné son cas à entendre, lui en eussions fait proinhibicion et deffensse, à certaines et grosses paines, celui viconte n'y a en riens obey ne optemperé, mais qui pis est, en grant vitupere et contempnement et pleniere desoboissance et signe de rebellion, a fait assamblée de gens d'armes, et à port d'armes et congregacion de gens de deffensse a tenu et fait tenir et exercer aud. lieu de Tonquedec foire et merché, s'efforce luy maintenir et y contraindre les marchans et subgiz de nostred. païs; Et combien que nostred. prohibicion et deffense ait esté faicte asavoir aud. viconte de Coetmen, à sa personne et à pluseurs des marchans de nostred. païs, singulierement et particulierement et par ban pupplique, et faicte asavoir à congregacion de peuble à nostre marché de Lannuyon et au jour du marché à Pontreff, et aud. lieu du Veill Marché au jour du marché d'icelui lieu, et mesmes aud. lieu de Tonquedec, ce non obstant pluseurs marchans et autres gens, de rebellion, desoboissance, adherez et complices dud. de Quoetmen, en sa faveur et desprisant noz deffensses et plegemenz, vont et s'efforcent aler chascun lundi aud. lieu de Tonquedec en signe et congregacion de foaire et de marché, sans aucune oboissance ne aucunement optemperer à nous et à nostre justice, par quoy, si droit y avoit led. de Quoetmen par vertu de nosd. lettres, ce que non, il le auroit perdu et obmis par ingratitude et desoboissance, et en est et seroit lui et sesd. adherez et complices dignes de très grant pugnicion; Et combien que nostred. filz ait requis et demandé par nostred. court dud. lieu de Rennes, repparacion, amente et desdomage des attemptaz, exceix et portz d'armes qu'ilz avoint faiz et commis à l'encontre de noz plegemenz et deffensses, ilz en ont decliné et recusé en proceder par nostred. court de Rennes, disans qu'ilz sont subgiz de nostre barre de Lannyon et que ailleurs ne sont tenuz obeir ne proceder, et par tant les plegemenz qu'il en avoit faiz par nostred. court de Rennes et mesmes la deffensse que faicte en avions, seroint ou pourroint

1. Voy. n° 2086.

estre asopez et anichillez en vitupere et desrision de nous et nostre justice; Et sur tout ce nous a
supplié nostred. filz lui pourvoir de nostre remede de justice, humblement le nous requerant. Pour
ce est il que ne vouldrions ne n'entendeismes oncques faire ne octroier aud. de Coetmen grace ne
lettre de foire, de marché ne d'autres choses quelxconques, en domage ne prejudice de nostred.
filz ne de ses villes, terres et possessions, en diminucion du sien ne de ses droiz, ainz, si aucunes
lettres de foaire ou de marchez ou autres graces avions donné aud. de Quoetmen ou prejudice des
droiz et noblesces de nostred. filz par avant cest jour, ou par inadvertance ou autrement pourrions pour le temps avenir donner, nous les ravocquons, irritons, cassons et adnullons et ne voulons que aucunement sortent leur effect ou prejudice de nostred. filz et de ses droiz; aussi que ne
pourrions ne vouldrions tollerer ne endurer telle maniere de port d'armes, violences et entreprinses qui sont propres signes de rebellion, mesmes que nostred. filz, de la soue part ne le pourroit endurer contre l'estat de luy et de son heritage, et y vouldroit ou pourroit par voie de puissance, qui est trop plus grande sans comparaison que celle de celui de Quoetmen, resister pour
vous, dont se pourroint ensuir homicides et granz inconvenienz inreparables sur led. de Quoetmen et noz autres subgiz desd. parties...; considerant mesmes que desja la chose a esté commanczée
à port d'armes et violentement, par quoy un seul et simple juge et hors de forteresse et ville
notable seroit fort occuppé de contraindre et justicer les parties..., ordennons que toutes les causes,
sequelles et deppendences qui en sont ou pourroint entrevenir, soint delivrées, decidées et expediées
en nostre ville de Rennes par devant vous nosd. seneschal et alloé, comme comis de par nous et
autrement, selon le faculté de vostre office, aux jours et assignacions de noz generaux plez dud.
lieu de Rennes, où les parties pourront estre deuement pourveuz d'avocaz et gens de savance et
ilecques contrains à bonne justice; auquel lieu de Rennes, et par devant vous nous en avons evocqué et evocquons toutes les causes..., et commandons aud. de Quoetmen et à touz autres... qu'ilz
ne tiennent... faires, marché ne congregacion de peuble pour denrées adenerer aud. lieu de Tonquedec, sur paine de dix mille l. à estre appliquez à nous et à partie par moitié, et d'en estre pugniz
comme rebelles et desoboissans selon l'exigence du cas, jusques à ce que autrement en soit par
vous ordonné; et à vous nosd. procureurs mandons en ce que touche lesd. port d'armes... en faire
les informacions..., et qu'ilz comparissent de leurs personnes sur le cas... Si vous mandons, etc.

Ainsi signé, Par le duc, escript de sa main. — Par le duc, de son commandement: le grant
maistre d'ostel, l'abbé de Beaulieu, l'archediacre d'Acre, messire Pierres Eder, Jehan de Musuil[lac
et autres] presens. — B. Huchet. »

2693

Orig. jad. scellé sur s. q. (Arch. du château du Boyer) [1].

1434. — Lettres de pouvoirs de sénéchal de Vannes pour Jean Loret, fils de Pierre Loret.
« Par le duc. — Par le duc, de son commandement et en son conseil, presens: l'abbé de Beaulieu, le sire de Rostrenen, Jehan Anger, Jehan de Muzillac et autres. — Bourget. »

1. En Mauron, Morbihan. L'extrait donné ici provient d'une communication de M. le m^le de l'Estourbeillon. L'original est, paraît-il, fort détérioré.

2694

Sentence sur un différend entre la dame de Laval et plusieurs de ses vassaux.

Orig. non scellé (Ar. nat., AA 6o).

A Redon, 1438, 14 mai.— « Jehan... Savoir faisons que à cest nostre parlement d'interlocutaeres se sont comparuz et valablement representez Jehan le Marqueran, ou nom et comme procureur general suffisanment fondé et approuvé par lettres de nostre très chiere et très amée cousine estante la dame de Laval et de Vitré, d'une partie, et Johen Chogaud, tant en son nom que comme procureur prové par lettres de Perrot Haouysiere, Tibaut Daigne, Jouynot de Monsautel, Jannin Boisvin, Johen Boisvin, Macé Haouysiere, Jehanne femme feu Jehan de Monsautel et en son nom et comme tutrice de ses enffans, Johannot de Montsautel, Perrot Rabaut et sa femme, Jehan Periel, Thomas le Cenelier et sa femme, Johan de la Roche et de chascun d'elx, d'autre partie, lesquelx ont esté confessans que autresfoiz par nostre court et barre de Rennes, sur le fait de certain plegement fait de la partie desd. hommes à l'encontre de lad. dame de Laval, de non les trecter, poursuir ne faire convenir par sa court à son instance, en leur demandant aucun denier de rente en maniere de debvoir de menger, huage, haiage, pois de farines et fains, ne autres deniers, sauff à clerfier, en leur estant juge et partie, les contraindre ne compeller à leur en bailler terme par escript à cause de ce, sequelles et deppendances, prendro ne faire prendre nulz ne aucuns de leurs biens en nulle maniere en leur prejudice; Et affin que lesd. plegens ne povaint led. plegement soustenir avoit alegé le procureur de nostred. cousine plusieurs causes et raisons, et entre autres que lesd. plegez estoint ses hommes en ses fiez de bonne meson et que elle et ses predicessours, par leurs officiers, estoint en bonne pocession et si longue que pour bonne droiture devoit estre aquise à sesine garder et continuer, de contraindre lesd. hommes et demourans oud. fieff de mener et conduire à Vitré, des moulins à blé de Pont Riol à celle dame appartenans, les blez et farines d'icelui moulin et les fains des prez dud. lieu, et de charroier, mener et conduire les bois et merans necessaires pour l'edificacion et reparacion d'icelx moulins et des pescheries, des breillz des forests de Chevré et de Vitré, mesmes de mener et cherroier pour lesd. s^{rs} et dames de Vitré, au temps que estoint au lieu et menoir de Chevré, bois ce que appartenoit auxd. s^{rs} ou dames de Vitré pour leurs chaufage, des breilz et bois desd. foresz, et des coutes et choses necessaires pour l'estorement desd. s^{r} ou dame, auxi devoint et avoint fait faire aux cas et foies que requis en avoint esté par lesd. s^{r} et dame, leurs officiers ou deputez, sesine et pocession de faire et faire faire les haies à prendre bestes noires et rouxes ou breill de la Corbiere et en plusieurs autres lieux, et d'y faire huage et de porter les cordages d'un breill à autre, auxi que leur estoit ordrenné et de porter et faire porter les venaisons prinses à Vitré et à Chevré; mesmes avoint fait pocession de leur faire poier une foiz l'an, aux foies que requis en avoint esté, un disner et souper de poullailles, et devoint fournir les chevaulx de selle desd. s^{r} ou dame d'avoine grosse et paille blanche, et les autres d'avoine menue et paille blanche, de fournir de loger, de chandelle de cire aud. souper, pour la table et couscher desd. s^{r} ou dame, et pour les autres de chandelle de suiff. Sur debat desquelx debvoirs y avoit eu cleins creez tant par desdit que par informacion ès aveulz de lad. dame de Vitré, esquelx avoint presenté et fait enquerre plusseurs tesmoins et y eu publicacion de tesmoins faicte, et à chascune des parties distribué la coppie des enquestes pour venir à termes subcequens

demander teilles gaignes qu'ilz veissent l'avoir affaire ; et que ès plez de lad. court de Rennes, qui
furent le septiesme jour de fevrier l'an mil IIIIe trente et cinq, emprès que le procureur de lad. dame
et celui d'icelx hommes de bonne meson en eurent esté confessans, et que les tiltres d'entr'elx eurent
esté veuz en jugement, l'un dabté du vingt et neufiesme jour de janvier mil IIIIe et trente et l'autre
du seixiesme jour de septembre mil IIIIe trante et ung, avecques les enquestes sur et icelx faictes, pour
ce que lesd. cleins estoint creez par la vaie d'un plegement, par quoy, atendu les mouls d'icelui et le
pledaié, sentence ne se peult donner en principal, avoit esté decleré, d'assentement de parties, que lesd.
enquestes d'entr'elx debvoint valoir à decider et sentence donner en principal de cause, non obstant
lesd. cleins creez par la vaie dud. plegement ; et que dempuix, à autres termes subcequens, après
la lecture des tiltres et enquestes ouye, pour ce que aucuns des tesmoins respondoint que les chastelains de Vitré avoint poié auxd. hommes de bonne meson aucun numbre de finance pour aucuns
d'icelx, de biens que demandoit lad. dame, avoit esté [dit] de nostre seneschal dud. lieu fesant l'ex-
pedicion de la cause, que l'on lui apporteroit le contenu des comptes desd. chastelains touchant les
poismens faiz esd. hommes de bonne meson qui fesoint les devoirs desurd., etc., etc. [1] Donné en
nostre ville de Redon, nostred. parlement tenant.

Par le duc, en sond. parlement. — J. GARIN. »

2695

Traité d'alliance entre les ducs de Bretagne et de Bourbon.

Orig. jad. scellé sur s. q. [2]

1440 n. s., 12 janvier. — « Jehan... A touz... salut. Comme entre les ducs, pays et subgiez de
Bretaigne et de Bourbonnois ait de tous temps eu bonnes amitiez et aliances, et nous ait nostre
très cher et très amé cousin le duc de Bourbonnois et d'Auvergne presentement escript et fait

1. Suit une longue énumération des diverses phases de la procédure, dits et contredits des procureurs. Rien de
saillant à y noter. Par la sentence de ce jour 14 mai 1438, le duc, par son parlement, déclare vaine l'appellation
des vassaux de la dame de Laval « et, pour la povreté desd. apelans, avons remis les despens et auxi l'amende. »

2. C'est à une gracieuse communication de Mme v^{ve} Gabriel Charavay que nous devons de voir figurer ici dans son
entier cette importante pièce, mentionnée seulement au catalogue la *Revue des autographes*, octobre 1894, n° 24.
Elle complète fort à propos ce que nous savions déjà des rapports entre Jean V et Charles, duc de Bourbon, au
début de la Praguerie. D. Lobineau n'a pas parlé, mais D. Morice l'a fait (*Hist.*, I, 532), d'un traité du 18 janvier
1440 qu'il a publié dans ses *Preuves* (II, 1325), passé entre les ducs de Bretagne et de Bourbon. Nous en avons
reproduit l'exposé aux Actes de Jean V (n° 2393). Pas plus que D. Morice, M. de Beaucourt, dans son ouvrage si
complet (*Hist. de Charles VII*, III, 119), n'a connu d'autre accord entre les deux princes que celui du 18 janvier.
Nous avons, dans une note un peu effacée de notre recueil (Introduction, LIV, note 3), indiqué comme faisant la contre-
partie de la lettre de Jean V du 18 janvier, deux lettres du duc de Bourbon des 12 et 18 janvier 1440. A la vérité,
ne les connaissant que par l'analyse assez succincte d'un inventaire, nous pouvions croire que toutes deux corres-
pondaient à une seule lettre du souverain breton. La pièce que nous donnons ici prouve qu'il y eut en réalité, à
quelques jours d'intervalle, deux traités pour lesquels chaque partie rédigea un instrument de même date et, autant
que nous en pouvons juger par les analyses de l'inventaire, de termes identiques. En comparant les expressions des
deux lettres de Jean V — (pour celle du 18, n'ayant point publié les formules du dispositif, il faudra recourir à
l'édition de D. Mor. plutôt qu'à notre n° 2393) — il est facile de se rendre compte qu'elles ne font point double
emploi ; que les réserves des princes formulées dans le premier acte et qui le rendent, somme toute, assez anodin, sont
beaucoup atténuées dans le second, et que par ce dernier, sous prétexte du bien de l'État, ils s'engageaient plus à
fond dans une voie qui pouvait devenir, et qui devint par le fait pour le duc de Bourbon, celle d'un rebelle.

savoir par ses notables ambasseurs et messagiers qu'il desire de sa part lesd. amitiez et aliances refraichir et entretenir, nous priant que de nostre part nous vueillons ainsi le faire ; Savoir faisons que nous, eu consideracion ad ce que dit est et à l'affinité et proximité de lignage en quoy nous entr'ataignons, voulans ad ce qu'est dit obtemperer, avons promis et juré, promectons et jurons à nostred. cousin, en parolle de prince et par la foy et serement de nostre corps, que à nostred. cousin nous serons vroy et loyaulx amis, bienvueillant et alié, luy ayderons et soustendrons de nostre puissance contre touz ceulx qui vouldroyent grever ou endommager lui ou ses pays et subgiez, excepté à l'encontre de M⁶ʳ le roy, de M⁶ʳ le daulphin, des maisons de Bourgoigne, d'Orleans et d'Anjou. Et à plus grant seurté et fermeté desd. aliances, en avons baillé à nostred. cousin ces presentes signées de nostre main et seellées de nostre seau. Ce fu le x11ᵉ jour de janvier l'an mil cccc trente neuf.

JEHAN. » [1]

1. La queue de parchemin ayant été coupée, on ne saurait dire si l'acte était ou non contresigné.

ITINÉRAIRE DE JEAN V (SUPPLÉMENT)

Depuis 1889, date de la publication de notre itinéraire de Jean V, nous avons eu connaissance d'assez nombreux documents qui sont venus le compléter. Ce résultat était prévu.

Mis à la fin de notre recueil, le tableau des séjours du prince aurait eu l'avantage d'avoir un peu plus d'ampleur et de se trouver à jour. Mais, d'un autre côté, la place de l'itinéraire du souverain était si bien marquée après notre introduction dont il formait le complément, que nous n'avons pas cru devoir l'en séparer. Une autre raison pour ne point retarder la publication de cet itinéraire c'était l'utilité de donner dès le début une vue d'ensemble des actes du recueil.

Le présent tableau comprend non seulement les dates de lieu de la plupart des pièces du Supplément aux lettres de Jean V, mais encore un certain nombre d'autres empruntées à des documents qui, ignorés lors de la rédaction de l'itinéraire, nous sont parvenus à temps pour être rangés dans la première série chronologique.

Presque toutes les étapes du souverain données ici sont empruntées aux dates de lieu de lettres émanées de lui; on les trouvera facilement soit dans le Supplément, soit dans le corps de l'ouvrage. Comme pour l'itinéraire, nous n'indiquons en note la provenance des pièces que lorsqu'il s'agit de séjours fournis par des documents étrangers à la chancellerie du duc.

1408	1411
Mai 26. — Ploërmel.	Juin 21. — Paris [1].
1409	1414
Mars 24. — Vannes.	Sept. 25. — Vannes.

1 Bibl. nat., ms. fr. 21809, pièce 8.

1415

Juillet 19. — Vannes.
Nov. 8. — Rouen.

1417

Mars 10. — Vannes.
Avril 1. — Vannes.

1418

Août 16. — Blois [1].

1419

Oct. 22 [2], 23. — Dinan.

1421

Nov. 14. — Ploërmel.

1423

Janvier 2. — Dinan.
Sept. 15. — Ploërmel.
Oct. 2. — St-Brieuc.
Nov. 27. — St-Brieuc.

1424

Nov. 14. — Vannes.

1425

Janvier 7. — Nantes.

1426

Mai 12. — Redon.
Juin 12, 16. — Vannes.
Août 2. — Vannes.

1427

Janvier 4. — Rhuys.
Mars 2. — Ploërmel.

1428

Oct. 2. — Auray.
Nov. 28. — La Bretesche.

1429

Février 2. — Guérande.

1430

Février 4. — Redon.

1432

Juillet 12. — Lamballe.

1433

Nov. 19. — Rennes.

1434

Juin 14. — La Bretesche.
Juillet 31. — Vannes.
Sept. 30. — Auray.

1435

Mars 29. — Vannes [3].
Avril 1. — Plaisance (lès Vannes) [4].

1436

Nov. 24. — Rieux.

1439

Avril 30. — Redon.
Mai 11. — Redon [5].
Juin 15. — Indret.
Oct. 23. — Malestroit.

1440

Oct. 7. — Vannes.
Déc. 16. — Plaisance (lès Vannes).

1441

Juillet 19. — Montfort.
Sept. 25. — St-Nicolas près Redon [6].

1. Nous avons dans notre itinéraire indiqué un séjour à Blois au mois d'août 1418, à une date intermédiaire entre le 10 et le 24. La pièce 5283 du ms. fr. 26042 à la Bibl. nat. nous apprend que Jean V se trouvait à Blois notamment le 16 août.
2. Nº 2663, note.
3. — 4. Nºˢ 2188 et 2189. Dans notre itinéraire les documents correspondant à ces nºˢ ont été mal classés au 29 mars et au 1ᵉʳ avril 1434. Voy. la note du nº 2188.
5. Indiqué à la fin d'un acte de Jean V du 9 mai 1439 (nº 2359).
6. Cf. aux Additions et corrections, p. 92, l. 13 à 16.

ADDITIONS ET CORRECTIONS

1ʳᵉ SÉRIE

P. xix, note, l. dernière. Nous avons retrouvé aux Arch. nat. les originaux des actes du 3 juillet 1417 et du 20 août 1431, provenant des ducs d'Anjou. Ils sont d'ailleurs indiqués à la bibliographie de nos numéros 1244 et 1959. Pour l'acte du 13 nov. 1424, voy. la note 1 du nº 1598.

La découverte aux Arch. nat. des nᵒˢ 1244 et 1959, comme aussi celle des actes inédits du 14 nov. 1424 (nº 1599) et du 21 avril 1431 (nº 1949), permet d'ajouter à la p. xxi, sous la rubrique *France : Archives diverses*, un cinquième article ainsi conçu : Archives des ducs d'Anjou (Arch. nat., P 1334 ¹⁸)..... 4 pièces.

P. xl. De documents trouvés depuis la publication de notre introduction, il résulte que, au lieu de : 1º (l. 1) 26 avril, *il faut :* 10 janvier ; 2º (l. 5 et 10) 19 mars, *il faut :* 19 février.

P. lxxxvi, l. 29. *Au lieu de :* 9 janvier 1424, *lisez :* 14 août 1423.

— L. 32. *Au lieu de :* 1423, *lisez :* dans les premiers mois de 1423.

P. lxxxviii, l. 28. *Au lieu de :* d'une lettre du 9 janvier 1424, *lisez :* de lettres du 14 août et du 2 octobre 1423 et du 9 janvier 1424.

P. xci, l. 11. *Au lieu de :* à la fin de la même année, *lisez :* au début de l'année suivante.

P. xciii. A la liste de l'absence des sceaux ajoutez les deux mentions suivantes :

1426, 12 mai ; Redon. — Signet, en l'absence des sceaux.

1427, 2 mars ; Ploërmel. — Signet, en l'absence des sceaux.

P. cvii, l. 4. *Au lieu de :* 1726, *lisez :* 1721, ainsi qu'on l'a imprimé à la p. xxv, l. 25.

P. cxxiv, col. 1, lignes 1, 2, 3, 5 et notes 1, 2, 4, 6. A la bibliographie des séjours de Jean V à Corbeil, Charenton, Brie-Comte-Robert et St-Maur-les-Fossés, ajoutez une quittance du 28 nov. 1418 (Bibl. nat., ms. fr. 26042, pièce 5306), donnée par Pierre Thomas, secrétaire du duc d'Orléans, qui, en compagnie de François de Gruignaux, chᵉʳ, et de Jean du Refuge, docteur ès lois, conseillers de ce prince, avait été chargé de suivre le souverain breton.

P. cxxiv, note 12. *Au lieu de :* Nº 1356, *lisez :* Nº 1360. Cette correction a déjà été faite dans le corps de l'ouvrage, en note du nº 1356.

P. cxxvi, col. 1, l. 8. Effacez la date du 5 mars.

P. cxxx, col. 2, l. 2 et 3 en remontant et note 8. Les actes du 29 mars et du 1ᵉʳ avril datés de Vannes et de Plaisance, et attribués avec un signe de doute à l'année 1434, sont en réalité de 1435, ainsi qu'il a été établi dans la note du nº 2188. Il faut par suite supprimer complètement la note 8 et reporter à la page suivante les deux lignes en question. Cf. le Supplément à l'itinéraire.

P. cxxx, n. 1, l. 1. *Au lieu de :* le comte d'Alençon, *lisez :* le duc d'Alençon.

P. cxxxi, col. 2, l. 10. Le séjour à Blain le 1ᵉʳ juillet 1436 doit être supprimé. Voyez la note 1 du nº 2319.

P. cxxxi, col. 2, l. 17 et note 11. Notre recueil ne renferme point d'acte de Jean V du 30 nov. 1436. La preuve de notre assertion se trouve dans Lobineau (II, 1039).

P. cxxxiii, col. 2, l. dernière. *Au lieu de :* sept. 5, *lisez :* sept. 25 ; cf. nº 2510 et la note. Quand nous avons dressé notre itinéraire, nous ne connaissions du nº 2510 que la mention de D. Morice, qui donne la date du 5 sept. en chiffre arabe. Il semble préférable d'adopter celle du 25 sept., écrite en toutes lettres sur la copie de 1668.

P. 2, nº 1, l. 5. *Au lieu de :* son frère, *lisez :* frère du duc de Bourgogne.

P. 55, nº 101, l. dernière. J. Gaug est vraisemblablement une mauvaise leçon ; nous pensons qu'on doit lire J. Garin. Ce dernier a souscrit le nº 103.

P. 57, nº 103, note 1, l. 2. *Au lieu de :* o. c. 22, *lisez :* o. c. 2.

P. 80, l. 15, nº 224. *Au lieu de :* Vidimus de neuf lettres, *lisez :* Vidimus de dix lettres.

P. 81, note 1, l. 2. *Au lieu de :* 8, *lisez :* 9, et après Jean Iᵉʳ, *ajoutez :* de Jean II.

P. 97, l. 13, nº 295. *Au lieu de :* x. a. 6, *lisez :* x. a. 5.

2ᵉ SÉRIE

P. 43, l. 2 en remontant, nº 655. *Au lieu de :* de la Verue, *lisez :* de la Berue.

P. 58, l. 22, nº 751 et note 4. En 1407, le sʳ de la Roche-Bernard était non Guy XIII de Laval, connu avant son mariage sous le nom de Jean de Montfort, mais bien Raoul de Montfort son père.

P. 68, l. 8, nº 802. *Au lieu de :* [Turquatin], *lisez :* T [urquatin].

P. 103, note 3. L'original de la pièce du Tr. des chartes de Bretagne autrefois coté L. D. 18, que nous signalions comme perdu, s'est retrouvé en Angleterre et a été acquis en 1893 par la Bibl. nat. Il est, paraît-il, daté du 7 mai 1408 et non du 17 mai comme nous l'avons dit (*Bibl. de l'École des chartes,* 1893, p. 414).

P. 110, nº 1050. Dans notre recueil nous avons publié les lettres de Jean V insérées au cartu-laire des sires de Rays, d'après des copies qu'on nous avait fournies. Ayant eu depuis entre les mains le précieux manuscrit, nous avons constaté que ces copies n'étaient pas d'une précision rigoureuse. Les variantes, peu nombreuses d'ailleurs, sont presque toutes purement orthogra-phiques. Nous nous contenterons de relever à cette place les quelques fautes et omissions qui se sont glissées dans notre texte ; elles visent les nᵒˢ 1050, 1156, 1166, 1175, 1176, 1405 et 1435 de notre publication.

Le n° 1050 porte tout à fait à la fin la signature du secrétaire G. Bruneau que nous avons omise.

P. 152, l. 28, n° 1120. *Au lieu de* : l'alloué de Bécherel, *lisez* : l'alloué de Broerech. Cette leçon résulte d'une nouvelle analyse que nous avons découverte postérieurement à l'impression.

P. 171, l. 20, n° 1156. *Au lieu de* : pavages, *lisez* : paiages (péages).

P. 176, n° 1166, l. 10. *Au lieu de* : forbe, *lisez* : foule. — L. 25 ; *au lieu de* : l'existence, *lisez* : l'exigence.

P. 180, l. 29, n° 1175. La formule Par le duc est répétée deux fois. Cette répétition prouve que l'original était signé de la main même du duc.

P. 181, l. 1, n° 1176. *Au lieu de* : de proposicions, *lisez* : d'opposicions.

P. 211, l. 16, n° 1233. *Au lieu de* : xiiiᵉ, *lisez* : xiiiᵉ, c'est-à-dire xiii esterlins.

P. 254, l. 3 en remontant, n° 1353. *Au lieu de* : Jean Hervé de Malestroit, *lisez* : Jean Hervé, de Malestroit.

3ᵉ SÉRIE

P. 5, l. 2 en remontant, n° 1402. *Au lieu de* : E, Additions au f. de Penthièvre, *lisez* : E 1479, f. de Penthièvre.

P. 8, n° 1405, l. 4 en remontant. *Au lieu de* : Guiholle, *lisez* : Guiolle. — L. dernière ; *au lieu de* : messire, *lisez* : mestre, et à la fin, *ajoutez* le nom du secrétaire Ivete qui a été omis.

P. 24-26, n° 1434. — Depuis l'impression de cette pièce nous en avons retrouvé l'orig. (Bibl. nat., nouv. acquis. fr. 3164, n° 7). Nombreuses sont les variantes orthographiques que l'orig. fournirait pour améliorer notre édition faite d'après des copies du xviiᵉ s., dans lesquelles beaucoup de mots ont été rajeunis. Il y a aussi quelques mutations et suppressions de mots. Le tout étant, en somme, d'une importance relative et ne pouvant modifier le texte dans son ensemble, nous nous contenterons de signaler ici, d'après l'orig., la forme de deux noms propres. P. 24, l. 19 et p. 25, l. 5 en remontant, *au lieu de* : Quempenac, *lisez* : Quempeneac ; p. 25, l. 9, *au lieu de* : Locminé, *lisez* : Lomené.

P. 27, n° 1435, l. 31. Le ms. porte André Renault, mais la leçon André Rouault que nous avons adoptée, est justifiée par l'ensemble des documents concernant ce personnage. — P. 28, l. 10. Sur la foi d'un copiste nous avons imprimé à la fin le nom du secrétaire Fresero. Le cartulaire original n'en porte pas trace ; il a omis le nom du scribe qui a contresigné le document.

P. 32, l. 15, n° 1440 ; p. 33, l. 24, n° 1443 ; p. 37, l. 31, n° 1448 et p. 56, l. 3 en remontant, n° 1466. Séparez par une virgule le titre de président du nom de Bernard de Kerourcuff. Celui-ci, ancien président, était alors remplacé dans cet office par Eon de Kerouzeré auquel on doit attribuer les mentions de président des n° 1440, 1443, 1448 et 1466, ainsi que nous l'avons fait à la Table des noms propres.

P. 38, l. 16 et 17, n° 1451. Après la lettre de série B, *ajoutez* la cote 123.

P. 163. Le n° 1646 a été publié par E. Cosneau, *Le Connétable de Richemond*, Paris, 1887, p. 515.

P. 293. Le n° 1939 se trouve imprimé dans le *Gallia christiana* [*vetus*], 1656, t. iv, p. 760-761.

4ᵉ SÉRIE

P. 17. Le n° 2000 a été édité par E. Cosneau, *Le Connétable de Richemond*, Paris, 1887, p. 541-545.

P. 43, n° 2061, l. avant-dernière. Après le mot président, rétablissez la virgule tombée pendant le tirage. — L. dernière ; *au lieu de* : l'archidiacre de Léon, il faut vraisemblablement lire, comme aux n⁰ˢ 2056 et 2060 : l'archidiacre d'Acreléon, c'est-à-dire Jean Prégent. Hervé Labbé, archidiacre de Léon, fréquemment témoin du 3 oct. 1420 (n⁰ 1443) au 23 janvier 1423 (n⁰ 1549), ne reparaît plus après cette date. On peut d'autant mieux proposer cette correction que la source du n⁰ 2061 est de seconde main.

P. 110, note, l. 13. Complétez ainsi : Encore à Vannes les 19 et 25 déc. 1433 (n⁰ˢ 2127 et 2692).

5ᵉ SÉRIE

P. 58, n⁰ 2648. *Au lieu de :* Trebit, *lisez :* Trebrit.

TABLE GÉNÉRALE[1]

---

[1]. Les renvois en chiffres romains se rapportent aux pages de l'introduction; ceux en chiffres arabes aux numéros des actes. Nous n'avons pas compris dans notre table les noms propres de l'introduction quand ils se trouvaient déjà mentionnés dans les Actes à propos des mêmes faits.

Bel (Le). — Actes signés par lui, 960, 961.

Bel (Bernard le), prieur de Toute-Joie de Nantes, 2496.

Bel (Gilles le), 2440, 2478.

Bel (James le), procureur de Nantes, 50, 575 n., 773, 937, 1035, 1101, 1286, 1368, 1434, 1538, 1590, 2599. Cf. Nantes, procureurs.

Bel (Olivier le), 1424, 2208.

Belangeries (Les), lieu dit près St-Aubin-du-Cormier [Ille-et-Vil.], 1105.

Belart (Jean), doyen du Mans, 1244.

Belin, « contrée de la mer », 1217.

Bellangiere (La), lieu dit [C.-du-N.], 2186.

Bellec (Alain), 1141.

Belle-Ile [L.-Inf., ar. Paimbœuf, con et cne Le Pellerin], île, 1689.

Belleville [Vendée, ar. la Roche-sur-Yon, con le Poiré-sous-la-Roche-sur-Yon]. — Sgr. V. Jean Harpedenne.

Bellié. V. Beslé.

Bellière (La) [C.-du-N., ar. et con Dinan, cne Pleudihen]. — Vicomtes. V. Jean Raguenel Ier, Jean Raguenel II, Jean Raguenel III.

Beloczac (Baltazar de), 778.

Beloczac (René de), capitaine de Rennes, 383.

Belouan (Pierre de), connétable de Ploërmel, 1882.

Belour (Perrot le), 1116.

Benate, Benaste (La) [L.-Inf., ar. Nantes, con Legé, cne St-Jean-de-Corcoué], 1156, 2268, 2295 à 2298, 2302, 2320, 2486, 2531, 2534.— Sgrs. V. Jean de Craon, Gilles de Rays. — Dames. V. Catherine de Machecoul, Anne de Sillé.

Benet (Guillaume), 747.

Bennerwen (Jean de), 1473; procureur général, 1580, 1601, 1610, 1613, 1622, 1627, 1944, 2044, 2045.

Bennerwen (Pierre de), 1723; procureur de Cornouaille, 1066.

Benoit (Éon), 1263.

Benoit (Guillaume), 1708.

Benoit (Jeanne), 1263.

Benon, Begnon, Besnon [Charente-Inf., ar. la Rochelle, con Courçon]. — Comte. V. Pierre de Bretagne.— Comtesse. V. Françoise d'Amboise.

Ber (Richard), 2100.

Béraud, comte-dauphin d'Auvergne, 1619.

Bernard (Jean), 2387.

Bernardière (La) [Vendée, ar. la Roche-sur-Yon, con Montaigu], 1052.

Bernart (Étienne), dit Moreau, 1940.

Bernart (Guillaume), 1788.

Bernart (Olivier), 97.

Bernervaud. V. Bonervaud.

Bernier (Jean), 1272-1274 n.

Berno (Éon de), 620.

Berno (Perronnete de), 620.

Berre (Yvon), 2185.

Berresay (Jean), 2550.

Berruyer (Pierre le), châtelain du Gâvre, 1368.

Berry (Duc de). V. Charles [VII], dauphin de France.

Berry (Jean, duc de), comte de Poitou, etc., v n. i, xcviii, cxxi n. 7; i, 289, 318, 323, 340, 425, 1041, 1095, 1101, 1130.

Berry, héraut, 1637 n., 2470 n.

Bersoere. V. Bressuire.

Berthelemer (Guillaume), 165.

Berthelemer (Isabeau), 2192.

Berthelot (Henri), 817.

Berthet (Colin), 2615, 2618, 2629.

Berthier (Thomas), 33.

Bertho (Jean), 2221.

Bertier (Macé), 1754, 2605 ; receveur de Dinan, 1871. — Actes signés par lui, 1642, 2044, 2054, 2066.

Bertou (Nicolas), 656.

Bertran (Gillet), 857.

Bertran (Phelipes), 720.

[Bertrand (Mathieu)], abbé de St-Melaine-de-Rennes, 2007, 2124, 2508.

Berue (Jean de la), 655 [v. aux Corrections].

Berue (Raoul de la), 655 [v. aux Corrections].

Besie (Jean), 2370.

Beslé, Bellié [L.-Inf., ar. St-Nazaire, con et cne Guémené-Penfao], 1729.

Besnon. V. Benon.

Bessardaie (La) [L.-Inf., ar. St-Nazaire, con St-Étienne-de-Mont-Luc, cne Cordemais], 2523.

Bessart (Guillaume), 2523.

Besso, Bessou (Le) [C.-du-N., ar. Dinan, con Évran, cne St-André-des-Eaux]. — Vicomte. V. Jean de Beaumanoir.

Bettdoiere (De la). V. Bédoyère (De la).

Betton, Beicton, Bethon [Ille-et-Vil., ar. et con Rennes]. — Sgr. V. Jean de St-Gilles.

Beuzec-Cap-Caval, Cap-Caval [Fin., ar. Quimper, con Pont-l'Abbé, cne St-Jean-Trolimon]. — Receveur. V. Hervé de Kergouzian.

Bevron. V. St-James-de-Beuvron.

Beyneau, Beynelli (Pierre), archidiacre de Nantes, lxxxvii, 741 n.

Beynelli. V. Beyneau.

2455 n., 2462, 2500, 2501, 2530, 2656, 2663, et n., 2671, 2674, 2680 ; sᵍʳ de Clisson, 2020.

Bretagne (Tanguy, bâtard de), fils de Jean V, xlɪ, 2234, 2470, 2504, 2518, 2523, 2549 ; capitaine de Dol, 2088, 2097, 2139, 2194.

Bretagne (De). V. aussi Blois (Charles, Guillaume, Jean, Olivier, Jeanne de) ; Montfort (Jean de).

Bretagne (Duchesses de). V. Jeanne de France, Jeanne de Navarre.

Bretagne (Anne de), fille de Jean V, 2303.

Bretagne (Anne, duchesse de), petite-nièce de Jean V, v, cii n. 5 ; 1048, 2199.

Bretagne (Blanche de), sœur de Jean V, 10, 161, 199, 318, 323, 435, 568, 611, 680, 787, 797, 999, 1041.

Bretagne (Catherine de), nièce de Jean V, 2304.

Bretagne (Isabelle, Ysabeau de), fille de Jean V, cxxix n. 3 ; 1244, 1277, 1560, 1598, 1599, 1884, 1919, 1920, 1925, 1926, 1937, 1939, 1940, 1959 ; duchesse d'Anjou, 1258 ; reine de Sicile, 1602 ; comtesse de Laval, 1920, 2178, 2377, 2437.

Bretagne (Marguerite de), sœur de Jean V, 10, 161, 199, 318, 564, 568, 571, 574, 999, 1032, 1063 ; comtesse de Porhoët, 1210, 1664, 1812.

Bretagne (Marguerite de), fille de Jean V, 1258, 1394.

Bretagne (Marie de), sœur de Jean V, comtesse, puis duchesse d'Alençon, cxxx n. 1 ; 257, 1140, 1742, 1904, 2011, 2235, 2334, 2524.

Bretagne (Marie de), nièce de Jean V, 1957, 2372 n., 2439, 2529.

Bretaigne, héraut, 1652.

Bretaigne. V. Demart (Jean).

Bretaigne (Jean), 2522.

Bretaigne (Pierre), 2451.

Breteil, Bretel [Ille-et-Vil., ar. et cᵒⁿ Montfort], 1734, 2206.

Bretesche, Bretaische, Breteische (La) [L.-Inf., ar. Sᵗ-Nazaire, cᵒⁿ Sᵗ-Gildas-des-Bois, cⁿᵉ Missillac], 2435. — Actes datés de la Bretesche, 2081, 2115, 2116, 2150, 2151, 2152, 2196, 2200, 2201, 2202, 2272, 2274, 2362, 2394, 2395, 2484, 2679.

Bretesche (Jean de la), 576, 984, 1304.

Bretesches (Jean des), 1497, 1501, 2028.

Bretin (Jean), 530.

Breton (Alain le), 1860.

Breton (Geoffroy le), capitaine de Palluau, 1513.

Breton (Jean le), 2222.

Breton (Jean le), archidiacre de Rennes, 1168, 1182 n., 1190, 1285, 1286, 1287, 1293, 1321,

1346, 1400, 1405, 1411, 1413, 1470, 1477, 1485, 1488, 1491, 1505, 1508, 1509, 1510, 1511, 1513, 1527, 1529, 1530, 1532, 1536, 1546, 1552, 1554, 1560, 1567, 1571, 1572, 1577, 1581, 1585, 1590, 1597, 1600 ᵇⁱˢ, 1613, 1622, 1635, 1641, 1646, 1653, 1654, 1659, 1660, 1661, 1663, 1665, 1666, 1741, 1748, 1753, 1786, 1793, 1795, 1803, 1805, 1806, 1807, 1810, 1811, 1819, 1823, 1824, 1828, 1831, 1836, 1837, 1840, 1842, 1843, 1844, 1860, 1864, 1870, 1892, 1893, 1894, 1896, 1898, 1904, 1914, 1918, 1944, 1957, 1959, 1966, 1981, 1983, 2001, 2038, 2044, 2045, 2046, 2127, 2145, 2161, 2178, 2184, 2188, 2189, 2208, 2209, 2212, 2216, 2235, 2237, 2241, 2275, 2661, 2663 et n., 2664.

Breton (Jean le), écuyer d'écurie, 2081.

Breton, alias Le Breton (Jean), secrétaire, 256. — Actes signés par lui, 17, 20, 21, 23, 29, 234, 332, 334, 432, 446, 451, 452, 453, 466, 781, 797, 863, 952, 966, 1000, 1032, 1041, 1045.

Breton (Macé le), 1823.

Breton (Michel le), 240, 1591 ᵗᵉʳ, 1593, 1803, 1808 ; receveur de Rennes, 999.

Breton (Olivier le), secrétaire, 256.

Breton (Robin le), 1004.

[Breuil (Amelius du)], archevêque de Tours, 1061 n.

Breuil (Guillaume du), 2421.

Breulis, Breulix, Brulis, Brulys [Morb., ar. Vannes, cᵒⁿ Muzillac, cⁿᵉ Noyal-Muzillac], 1613, 2116, 2452, 2521.

Breveran [L.-Inf., ar. Sᵗ-Nazaire, cᵒⁿ Sᵗ-Gildas-des-Bois, cⁿᵉ Missillac], 2656.

Brevière (La). V. Bouvre (La).

Brie-Comte-Robert [cᵒⁿ, Seine-et-Marne, ar. Melun], cxxiv et cf. aux Additions, 1315 n.

Brien. V. Brain.

Briend (Macé), 1093.

Brient (Guillaume le), 336.

Brieuc (Saint), 2220.

Briffaut (Nicole), 1645, 1652, 1654.

Briort [L.-Inf., ar. Paimbœuf, cᵒⁿ le Pellerin, cⁿᵉ Port-Sᵗ-Père], 2563.

Briou (Guillemet), 2242.

Briquet (Olivier), 2261.

Briqueville (Roger de), 2187, 2200.

Brivet, Brivé (Le), rivière [L.-Inf.], 1925.

Broaladre, Broazdre (La), foire, 1818, 2051.

Brochereul (Robert), 97, 101, 102, 104, 140, 275, 420, 1104, 1934.

Brochereul (Jeanne), 1934.

Brod (Lorens), 1270.

Broeill (Le). V. Breil (Le).

Burat (Guillaume), 665.

Buret, île [sur la Loire], 1135.

Burgos, Burgues [Espagne], 1896 n.

Burnel (Pierre), 2208.

Buron (Jean), 193.

Busay. V. Buzay.

Busson (Jamet), 1344, 1779. — Actes signés par lui, 1210, 1294, 1295, 1308, 1328, 1500, 2041, 2213.

Buzay, Busay [L.-Inf., ar. Paimbœuf, con le Pellerin, cne Rouans], abbaye, 726, 1197, 2093, 2241, 2471, 2554. — Abbé, 726, 1197.

Byese (Jacob). V. Brese.

C

Caan. V. Caen.

Cabournays, de Kerbournays (Pierre), sénéchal de Tréguier et de Goëllo, 16, 62.

Cades (Denise), 2239 n.

Cadiou (Pierre), 2552.

Cadoière (Robert de la), doyen de Bécherel, 501.

Cador (Jean), secrétaire, 728, 1320, 1376. — Actes signés par lui, 720, 721, 722, 725, 726, 727, 729, 732, 756, 758, 761, 762, 765, 776, 778, 779, 780, 786, 793, 794, 817, 836, 846, 847, 849, 852, 853, 854, 862, 864, 867, 871, 872, 874, 875, 889, 892, 893, 898, 907, 910, 943, 1051, 1052, 1085, 1093, 1101, 1109, 1114, 1116, 1136, 1141, 1171, 1174, 1197, 1216, 1256, 1283, 1321, 1326, 1334, 1339, 1344, 1345, 1350, 1352, 1353, 1355, 1356, 1370, 1371, 1377, 1383, 1386, 1397, 1400, 1410, 1412, 1487, 1495, 1505, 1508, 1509, 1511, 1535, 1571, 1580, 1600, 2557, 2652, 2657, 2661, 2662.

Cador (Robert, Robin), secrétaire, 1944, 2033, 2371. — Actes signés par lui, 1664, 1678, 1722, 1824, 1845, 2045, 2060, 2061, 2079, 2107, 2150, 2173, 2217, 2218, 2354, 2355, 2360, 2365, 2370, 2374, 2375, 2378, 2391, 2394, 2395, 2400, 2423, 2448, 2464, 2482, 2510, 2512, 2528, 2532, 2534.

Cadouère, Cadouyère (Pierre de la), 1255 ; official de l'archidiacre de Dinan, 63 ; recteur de Bonnemain, 888.

Caen, Caan [Calvados], 1344.

Caffat, le Caffat (Yvon), père, 2422, 2431, 2449.

Caffat, le Caffat (Yvon), fils, 2388, 2422, 2431, 2449.

Caillebote, Callebote. V. Broerech (Pierre de).

Caillo, Caillou, 1189, 1190.

Calais [Pas-de-Calais], 1315, 2074.

Camaret, Cameret [Fin., ar. Châteaulin, con Crozon], 1567, 1631, 2284.

Camberneuc [L.-Inf., ar. St-Nazaire, con Guérande, cne Mesquer], 1190.

Cambout (Alain du), 223.

Cambout (Etienne du), 150, 2109, 2387.

Cambout (Jean du), 65.

Cameret. V. Camaret.

Camors [Morb., ar. Lorient, con Pluvigner], 33.

Campénéac, Quempeneac [Morb., ar. et con Ploërmel], 384, 1434 et cf. aux Corrections, 2598.

Campion (J.). — Acte signé par lui, 1243.

Campson (Denoual de), 525.

Camros [L.-Inf., ar. St-Nazaire, con Guérande, cne St-Moll], 1190.

Camus (Guillaume le), 87 ; alloué de Rennes, 219, 277 ; trésorier général de Bretagne, 381, 435, 521, 822, 837, 883.

Camus (Herbert), 33.

Camzillon, Campzillon, Canzillon [Loire-Inf., ar. St-Nazaire, con Guérande, cne Mesquer], 33.

Cancale [con, Ille-et-Vil., ar. St-Malo], 1315.

Canillo (Jouhan), archidiacre de Cuença, 2202.

Canquetz (Les) [C.-du-N., ar. St-Brieuc, con Lamballe, cne Landéhen], 1804.

Cantel (Jean), 558.

Canzillon. V. Camzillon.

Caour, 1190.

Caoursin (Jean le), 2608.

Cap-Caval. V. Beuzec-Cap-Caval.

Capitaine (Guillo le), 665, 666.

Capperon. V. Chapperon.

Cappitaine (Jean le), 2466.

Cappitaine (Yvon le), 2466.

Carantoir (Perrot de), 1220.

Carbonnel (Henri), 2306, 2326.

Cardin, Cardun (Jean), receveur de Rhuys, 2562 et n.

Cardinaux. V. Guillaume de Vergy, Jean Flandrin, Jean de Brogni, Guillaume de Montfort.

Carentoir, Karantoir [Morb., ar. Vannes, con la Gacilly], 2519. — Acte daté de ce lieu, 2239.

Carfantin, Kerfontain [Ille-et-Vil., ar. St-Malo, [con et cne Dol], 2194.

Carhaix, Karahes, Kaerahces, Kerahes [con, Fin., ar. Châteaulin], 97, 512. — Bailli, 2466. — Capitaines, 97, 2466. — Receveur. V. Guillaume Penhoët. — Sénéchal, 2466.

Carman [Fin., ar. Brest, con Plabennec, cne Kernilis], château, 767 n.

2302, 2308, 2323, 2384, 2385, 2393, 2472, 2483, 2532, 2671, 2673, 2680, 2695.

Charles VIII, roi de France, 1914.

Charles IX, roi de France, 2526 n.

Charles II, le Mauvais, roi de Navarre, 1053.

Charles III, roi de Navarre, duc de Nemours, 1, 57 n., 463, 1041, 1053, 1100 n., 1433.

Charmoye (Jean de la), 301.

Charmoye (Thaurin de la), 212, 288, 301 ; capitaine de Lehon, 380.

Charolais (Comte de). V. Bourgogne (Philippe le Bon, duc de).

Charpaines (Guillaume de), 2384, 2385.

Charpantier (Eon), 1352.

Chartres [Eure-et-Loir], cxx, 1705. — Acte daté de Chartres, 1152.

Chartres [Ille-et-Vil., ar. et con Rennes], paroisse, 2124 ; — manoir, 2124.

[Chartres (Regnault de)], archevêque de Reims, chancelier de France, 1243, 2015 n.

Chat (Guillemet le), 1786.

Châtaigneraie, Chastaigneroye (La), [con Vendée, ar. Fontenay], 2225.

Chasteau (Henri de). V. Chastel (Henri du).

Châteaubourg, Chasteaubourc [con Ille-et-Vil., ar. Vitré], cxx. — Prieur. V. Guillaume Godin.

Châteaubriant, Chasteaubrient, Chastelbrient [L.-Inf.], cxxx n. 1 ; 1452, 2259. — Mathurins, 1928 n. — Sgr. V. Charles de Dinan, Robert de Dinan, Bertrand de Dinan. — Actes datés de Châteaubriant, 1991, 1995.

Chasteaubrient (Brient de), sire de Beaufort, 1094, 1280, 2142.

Chasteaubriant (Marguerite de), 459, 850 n., 1417.

Châteauceaux. V. Champtoceaux.

Château-Fremont, Château-Fromont [L.-Inf., ar. Ancenis, con Varades, cne La Rouxière], 255, 1959, 1960 n.

Châteaugal [Fin., ar. Châteaulin, con Châteauneuf-du-Faou, cne Landeleau]. Sgr. V. Jean de Kermelec.

Châteaugiron [con, Ille-et-Vil., ar. Rennes], 2114, 2628. — Prieur de Ste-Croix. V. Pierre Herviet. — Acte daté de Châteaugiron, 20.

Châteaugiron (Alain de), 1019, 1544 ; capitaine de Sucinio, 261.

Châteaugiron (Armel de), 2, 32, 33, 60, 163, 204, .308, 309, 318, 423, 720, 978, 1011, 1022, 1074, 1075, 1084, 1092, 1105, 1111 ; capitaine de Redon, 45, 330 ; capitaine de Moncontour, 949.

Chasteaugiron (Jean de), 1243, 2486.

[Chasteaugiron (Jean de)], sire de Malestroit, 2114.

Châteaugiron (Patri II, sire de), 3, 95, 1105, 1111, 1120, 1175, 1176, 2656 ; maréchal de Bretagne, 310, 404, 1125, 1132.

Chasteaugiron (Patri III, sire de), 1404, 1544, 1622, 1725.

Chasteaugiron (Valence de), dame de Derval, 1544.

Château-Gontier [Mayenne], 637, 2009. — Sgr. V. Jean IV, duc d'Alençon. - Capitaine. V. Hardouin de Mainbié.

Chasteaulaillon. V. Châtelaillon.

Châteaulin, Chasteaulin-en-Cornouaille [art, Fin.], 1454, 1473, 1498, 1569, 2302, 2323, 2667. — Alloué, 1569, 1723. — Capitaine, 1723. — Procureur, 1569, 1723. — Receveur, 1569. — [Sénéchal, 1569, 1613, 1723.

Châteaulin-sur-Trieu [C.-du-N., ar. Guingamp, con Pontrieux, cno Plouëc], sgrie, 1100 n., 1495, 1532.

Châteaumur [Vendée, ar. Fontenay, con Pouzauges, cne Châtelliers-Châteaumur], cxxv n., 2241.

Châteauneuf-du-Faou, aliàs Fou [con, Fin., ar. Châteaulin], 1473, 2461, 2464. — Notre-Dame-des-Portes, chapelle, 2464.

Châteauneuf-en-Bretagne ; anc. Chasteauneuff, aliàs Chastelneuff-de-la-Noe [con, Ille-et-Vil., ar. St-Malo], 1107, 2380. — Recteur. V. Guillaume Agu. — Sgr. V. Jean III, Pierre et Michel de Rieux. — Dame, 2437.

Chasteautro (Alain de), 2271.

Chastegnerie (La) [Vendée, ar. les Sables-d'Olonne, con Palluau, cne Grand-Landes], 1964.

Chasteigner (Alain), 2010.

Chasteigneraie (Olivier), 2051.

Chasteignier (Hubelin), 544.

Chasteillon. V. Châtillon.

Chastel, Chasteau (Henri, sire du), 1566, 1583, 1622, 1680, 1681, 1694, 2061, 2170, 2217, 2270, 2288, 2447, 2470, 2481, 2484, 2503, 2533.

Chastel (Jean du), 450.

Chastel (Tanguy du), 873 n., 1588, 1619.

Châtelaillon, Chasteaulaillon [Charente-Inf., ar. et con la Rochelle, cne Angoulins], 1343, 2000.

[Chastelain] (Adam), évêque du Mans, 33.

Chastelaudren [con, C.-du-N., ar. St-Brieuc], 1426, 1442, 1447, 1478, 1498, 1531, 1532, 1548, 1696, 2212. — Alloué, procureur, receveur, sénéchal, 1455.

Chastelbrient. V. Châteaubriant.

Chastelets (Les) [C.-du-N.], manoir, 1081.

Cochadeuc (Eon le), 1786.

Cochaie (La) [Ille-et-Vil., ar. et con Montfort, cne Bedée], 2266.

Cochart (Guillaume), chanoine de Guérande, 1303.

Cochet (Robin), 667.

Cocq (Le). V. Coq (Le).

Coedit (Guillaume de), 1764, et cf. Coëtdic.

Coeffaut, Coueffault (Jean), 1307, 1370.

Coente, Couente (Henri le), 2536.

Coequain (De). V. Coëtquen (De).

Cocron. V. Couëron.

Coesabrieuc. V. Coatsabiec.

Coeslan (Eon de), 2387.

Coeslineis. V. Collinée.

Coesmen (De). V. Coëtmen (De).

Coësmes (Guy de), recteur de Vendel, 685.

Coësmes, Coaymes, Couesmes (Jean de), 230, 1111 n.

Coespelle (Normant de), chanoine de St-Brieuc, 1512 bis.

Coesquen (De). V. Coëtquen (De).

Coesquenet (Olivier de), 1790.

Coessin (Guillaume), alloué de Guérande, 2591.

Coesteveneuc (De). V. Coëteveneuc (De).

Coët-Bihan, Coaiquibihen [Morb., ar. Vannes, con et cne Questembert], 33.

Coëtbit (Jean de), 2387.

Coëtdic (Jean le), 2387, et cf. Coedit.

Coëterreden (Rolland le), 2413.

Coëtervreden, Quoitervreden (Jean de), 556.

Coëteveneuc, Coesteveneuc (Jean de), 1024, 1302 ; capitaine de Quimperlé, xc.

Coëtgourheden (Perrot de), receveur de la Roche-Derrien, 1400.

Coëtgourheden, Coatgourheden (Philippe de), 2212.

Coëtgourheden (Rolland de), 2570, 2606 ; lieutenant de Guingamp, 2572.

Coëtilas (Marguerite), 585.

Coëtivi (Alain de), 172, 229.

Coëtivi, Coëtivy, Coitivy (Prégent de), 2000, 2029, 2113.

Coëtlisen (Guillaume de), 482.

Coëtlogon (O. de). Actes signés par lui, 2147, 2249, 2252 à 2256, 2277, 2289, 2427, 2509.

Coëtlogon (Lucie de), LXXXVIII.

Coëtmalouen, Quoetmalouan [C.-du-N., ar. Guingamp, con St-Nicolas-du-Pelem, cne St-Gilles-Pligeaux], abbaye, 2463.

Coëtmen, Coesmen, Quoetmen [C.-du-N., ar. St-Brieuc, con Lanvollon, cne Tréméven]. Vicomtes, 388, 396, 1527, 2067, 2086, 2692.

Coëtmen (Bertrand, vicomte de), 1389.

Coëtmieux, Couetmeur [C.-du-N., ar. St-Brieuc, con Lamballe], 109.

Coëtquen, Cosquen, Couesquen [C.-du-N., ar. et con Dinan, cne St-Hélen], 2394, 2399, 2453.

Coëtquen, Coaiquen, Coaisquen, Coayquen, Coequain, Coesquen, Couesquen, Coyquen, Quoaesquen, Quoetquen (Raoul, sire de), 103, 908, 1074, 1094, 1107, 1111, 1127, 1246, 1302, 1480, 1485, 1500, 1579, 1580, 1581, 1612, 1642, 1685, 1714, 1724, 1756, 1762, 1804, 1954, 1976, 1979, 2006, 2124, 2160, 2161, 2207, 2216, 2223, 2379, 2394, 2399, 2420, 2453 ; capitaine de Lehon, 81, 1879 ; capitaine de Dol, 1879, 2088, 2139.

Coëtquis (Jean de), chanoine de Dol, 1324 n.

Coëtquis (Philippe de), évêque de Léon, 1324 n., 1419, 1431, 1434, 1443, 1446, 1505, 1514, 1583, 1681 ; archevêque de Tours, 2198 n.

Coëtrerquere (Guillaume), 766.

Coëtscorn. V. Coatascorn.

Coëtuhan (Olivier de), 2387.

Coez (Les). V. Couëts (Les).

Cog (Le). V. Coq (Le).

Coglais (Geoffroy), 159, 289, 346, 571, 572, 573, 574, 575, 638, 702, 961, 1192 n., 1194, 1437. — Actes signés par lui, 312, 340, 639, 1034, 1261, 2117, 2659.

Coglès [Ille-et-Vil., ar. Fougères, con St-Brice-en-Coglès], 1216, 2615.

Coibry (Nicolas), 2657.

Coignart (Olivier), 1116.

Coillart (Olivier), 528.

Coing (Thébaut le), 1256.

Coiron. V. Couëron.

Coitbout, alias Magoer et Locgueltas. V. Magoar et Locgueltas.

Coitivy (De). V. Coëtivi (De).

Coitredrez (Hervé de), sire du Boiseon, 62, 1006, 2356.

Col (Gontier), 1182 n., 1183.

Colin (M.), 2449. — Actes signés par lui, 2264, 2344, 2422, 2459, 2463, 2473, 2474, 2511.

Colin (Nicolas), 1997.

Collet (Alain), 1153.

Collet (Guillaume), 1845, 2212.

Colleville. V. Colville (De).

Collin (Guillaume), 869.

Collinée, Coeslineis [con, C.-du-N., ar. Loudéac], 2071.

Cologne, Couloigne [Allemagne]. Archevêque, 2068.

E

F

G

Georges (Le mal de saint), 1635.
Georges (Guillaume), 142.
Georges (Pierre), 2387.
Gerarezon (Albrès), 1685.
Gérard (Pierre), 2186.
Gergaut (Thomas), 497.
Gergeau. V. Jargeau.
Gerrill (Geoffroy), 2186.
Gestiné. V. Gétigné.
Gétigné, Gestiné [L.-Inf., ar. Nantes, con Clisson], 2385.
Geull, Geeull (Bertrand Ier de), 500.
Geull (Bertrand II de), 500.
Geull (Geoffroy de), 500.
Geull (Péan de), 500.
Gibon (Jean), 2238, 2580, 2582, 2588. — Actes signés par lui, 2327 à 2334.
Gieffroyzou (Guillo), 1190.
Gien, Gyen-sur-Loire [Loiret], cxxi, 1094, 1588, 2000.— Actes datés de Gien, 1095, 1096.
Giffart, 1797.
Giffart (Guillaume), 1544.
Giffart (Jean), sr du Plessis-Giffart et du Fail, 1492, 1595.
Gilbourg, Gillebourt [Maine-et-Loire, ar. Angers, con Thouarcé, cne Faye]. Sgr. V. Regnault de Montjean.
Gillart (Michel), 2364.
Gillart (Yvonnet), 2364.
Gillebourt (Le sgr de). V. Gilbourg.
Gilles (Nicolas), receveur de la prévôté de Nantes, 140, 1116.
Gillet (Guillaume), 2691.
Gillot (Guillaume), 2020.
Giquel, Judicaël (Saint), 1144.
Giquel (Alain), 1216.!
Giquel (Alain), recteur de Montrelais, 452, 464.
Giquel (Amauri), 513, 537, 989.
Giquel (Guillaume), 2125.
Giquel (Guillaume), sénéchal de l'Isle, 455, 457.
Giquel (Olivier), 696.
Girard (Regnauld), sgr de Basoges, 2000, 2015.
Giraud (Jean), 679.
Giron (Guillaume), 2256.
Gladonnet (Jean), sgr de Braz, 2343, 2360.
Glaesquin, Glesquin (Du). V. Guesclin (Du).
Glocester ([Humfroy], duc de), 1652, 1708.
Glomel [C.-du-N., ar. Guingamp, con Rostrenen], 607.
Glorias (Geoffroy), 2186.
Gloriette, île. V. Nantes.

Gludic (Jean), 1397.
Goaeseau (Eonnet), 1938.
Goaiseau (Jeanne), 2533.
Goar (Olivier le), 2070.
Goarray (Thomas du), 2186.
Goaz (Daniel), 1694.
Godart (Jamet), 1970, 2074, 2161, 2309, 2632, 2685. — Actes signés par lui, 1506, 1531, 1553, 1563, 1572, 1578, 1628, 1630, 1646, 1672, 1680, 1681, 1696, 1698, 1706, 1711, 1716, 1724, 1749, 1761, 1791, 1793, 1801, 1810, 1811, 1818, 1819, 1823, 1825, 1827, 1831, 1841, 1844, 1846, 1858, 1872, 1874, 1882, 1885, 1893, 1900, 1912, 1914, 1916, 1930, 1938, 1957, 2038, 2040, 2055, 2144, 2180, 2189, 2192, 2202, 2204, 2225, 2278, 2315, 2318, 2336, 2373, 2424, 2435, 2436, 2439, 2440, 2444, 2472, 2498, 2500, 2501, 2522, 2523, 2529, 2530, 2531, 2540, 2543, 2547, 2548, 2674, 2679.
Godefroy, Godeffray (Guillaume), 2380.
Godelin (Rolland de), 1681.
Godin (Guillaume), prieur de Châteaubourg, 912.
Godin (Guillemot), 2014.
Goëllo, Goelo, Goelou, Gouello, région [Côtes-du-Nord], 40, 97, 1137, 1447, 1449, 1455, 1512, 1531, 1570 bis, 1716, 1824, 2086, 2204, 2242, 2358, 2424, 2667, 2674, 2676, 2692.— Sgr. V. Olivier de Blois. — Baillis, alias alloués, 478, 543, 550, 1432, 1455, 1484, 1495, 1523, 1546 bis, 1570 bis, 1576, 1824, 1829, 1843, 2086, 2204, 2314, 2371, 2424, 2545, 2665, 2674, 2676, et v. Fouquet Regnart. — Prévôt, 1570 bis. — Procureurs, 478, 550, 551, 628, 1137, 1432, 1455, 1484, 1495, 1570 bis, 1576, 1824, 1829, 1843, 2086, 2204, 2314, 2371, 2424, 2545, 2665, et v. Fouquet Regnart.— Receveurs, 550, 1455, 1576, 1824, 2665, et v. Jean Mancel. — Sénéchaux, 478, 543, 550, 551, 1137, 1432, 1455, 1484, 1495, 1523, 1530, 1546 bis, 1569, 1570 bis, 1576, 1612, 1824, 1829, 1843, 2086, 2194, 2204, 2205, 2314, 2371, 2424, 2447, 2545, 2665, 2674, 2676, et v. Pierre Cabournays, Guillaume le Mintier, Jean de Kerhoant.
Goellon (Jean), 2655.
Goësbriand, Goesbriend [Fin., ar. Morlaix, con et cne Plouigneau], 1473.
Goez (Guillo le), 2070.
Goezlin, Goezlein (Geoffroy du, de), 2422, 2431, 2449.
Goff (Eon le), 479.
Goff (Jean le), 1695.
Goffut (Yvon du), 656.

17

Hammono (Jean), 97.

Hamon (Eon), 1531.

Hamon (Geoffroy), 1813, 1979; receveur de Rennes, 1614, 1686. — Acte signé par lui, 2546.

Hamon (Olivier), 1846.

Hannin. Acte signé par lui, 1264.

Haouys, 199.

Haouysière (Macé), 2694.

Haouysière (Perrot), 2694.

Harcourt ([Jean], comte d'), 1910.

[Harcourt (Jean d')], comte d'Aumale, 1588.

[Harcourt (Jeanne d')], dame de Rieux et d'Ancenis, 1910, 2136, 2236, 2382.

Harezonneur (Alain le), 2120.

Hardi (Guillaume le), 442.

Hardi (Jean), 1979.

Harfleur, Herflou [Seine-Inf., ar. le Havre, con Montivilliers], 1218.

Harmoet (Guillaume de la), 1794.

Harpedenne, 302, 439.

Harpedenne, Harpedanne, Herpedenne (Jean), sgr de Belleville et de Montaigu, 1288, 1435.

Harscouet, Herscouet (Jean), 1525, 1531.

Harscouet, Herscouet (Thébaud), 1531.

Harscouet (Jeanne), 634.

Hastelou (Eon), 300, 1049.

Hastelou (Perrot), 750.

Haut-Chemin (Le) [Ille-et-Vil., ar. Rennes, con Châteaugiron, cne Brecé], 1807.

Haute-Forêt (La) [L.-Inf., ar. Nantes, con et cne Carquefou], 2230.

[Hauterive] (Christian [de]), évêque de Tarbes puis de Tréguier, 1043, 1044, 1106, 1107, 1142.

Havardin (Jacques), 2542.

Havart (Jean), 1658, 1882.

Hay (Guillaume), 904.

Hay (Raoul), 63.

Haye (Alain de la), procureur de Cornouaille, 170 ; receveur de Léon, 249.

Haye (Bertrand de la), 2456.

Haye (Jean de la), 68, 1218, 2456.

Haye, Haie (Jean de la), 2266.

[Haye (Jean de la)], baron de Coulonces, 1678.

Haye, Haie (Perrin de la), 2266.

Haye (Pierre de la), 2311, 2405, 2406.

Haye (Pierre de la), 2456.

[Haye (X. de la)], sire de Passavant, 1959.

Haye[-Eder], Haye-près-la-Bretesche (La) [L.-Inf., ar. St-Nazaire, con St-Gildas-des-Bois, cne Missillac], 2656. — Sgr. V. Pierre Eder. — Acte daté de ce lieu, 2435.

Haye-Mériais, Hemeriaie, Hemeriaye, Hermeryez (La) [L.-Inf., ar. St-Nazaire, con St-Etienne-de-Mont-Luc, cne Cordemais], cxxxii n. 2. — Sgr. V. Jean Babouin. — Actes datés de ce lieu, 2260, 2367.

Hayes (Pierre des), 1424.

Heaume (Pierre), 703.

Hebebar (Olivier), 732.

Hédé [con, Ille-et-Vil., ar. Rennes], 26, 136, 739, 809, 1564, 1945, 2049, 2215, 2302, 2323, 2409. — Alloués, 739, 809, 2049, 2409. — Capitaines, 739, 2049, et v. Pierre de la Mareschée, Guyon Turpin, Robert Ier d'Espinay. — Procureurs, 739, 809, 866, 2049, 2409. — Receveurs et châtelains, 809, 866, 1564, 2049, et v. Robert Ier d'Espinay. — Sénéchaux, 37, 739, 809, 866, 1217, 2049, 2409. — Acte daté de Hédé, 1838.

Heligoet. V. Huelgoat.

Helyas (Jean), 1116.

Helyou (Guillaume), 2120.

Helyou (Jean), 2120.

Hembont. V. Hennebont.

Hemeri (Jean), 2430.

Hemeriaie, Hemeriaye (La). V. Haye-Mériais (La).

Hénan-Bihen, Henant-Bihan [C.-du-N., ar. Dinan, con Matignon]. Vicaire. V. Jean Lomer.

Henaut. V. Hainaut.

Henbont. V. Hennebont.

Hengren (Pierre), 869.

Hennebont, Hembont, Henbont [con, Morb., ar. Lorient], 64, 99, 157, 390, 797, 1122, 1126, 1133, 1217, 2160, 2288. — Abbaye de la Joie. V. Joie (La). — Alloué, 1122, 1855. — Capitaines, 1133, 1217, 1218, et v. Henri le Parisi, Simon Delhoye. — Procureurs, 1122, 1126, 1855, 1968. — Receveurs, 1330, 2288, et v. Jean de Cresoles. — Sénéchaux, 1122, 1126, 1530, 1855. — Actes datés d'Hennebont, 2288, 2349.

Henri IV, roi d'Angleterre, xxvii, lv, 10, 863, 873 n., 1084, 1124, 1125, 1132, 1146, 1151.

Henri V, prince de Galles, 1132; roi d'Angleterre, 1151, 1181, 1182 n., 1196, 1217, 1218, 1241, 1267, 1268, 1269, 1284, 1315, 1344, 1493, 1504, 1527, 1584.

Henri VI, roi d'Angleterre, 1555, 1556, 1652, 1708, 1722, 1761, 1880 n., 1962 n., 1970, 2002, 2006, 2030, 2265, 2434, 2477, 2494.

Henri III, roi de France, 2401 n.

Henri (Jean), 616.

Henrière (Jean de la), sgr de la Chevanerie, 1895.

Henriet (Pierre), 2340.

Kerguirzonnez [Morb., ar. Lorient, c^{on} Auray, c^{ne} Crach], 2600.

Kerguiziau (Jean), 1196.

Kerguz (Catherine), 2193.

Kerhoant, Kerhouant, Kerchoant, Kercoent (Jean de), 1324; procureur de Léon, 2120; procureur général de Bretagne, 2373; sénéchal de Goëllo, 2413; sénéchal de Guingamp, 2422, 2431, 2449.

Kerhoant, Kerrouant, Karrouant (Jeanne de), 525, 676.

Kerhongoullec [C.-du-N., ar. Lannion, c^{on} la Roche-Derrien, c^{ne} Coatascorn], 2359. — S^{gr}. V. Guillaume le Fevre.

Kerhot (Armel de), 1452.

Kerhuelic, 858.

Kérien, Querien-en-Quintin [C.-du-N., ar. Guingamp, c^{on} Bourbriac], 900.

Kerisac [Morb.], 2670. S^{gr}. V. Olivier du Cellier.

Kérity, Kaeriti [C.-du-N., ar. St-Brieuc, c^{on} Paimpol], 1449, 1512.

Kerjehan [Morbihan]. Acte daté de ce lieu, 2310.

Kerlabour [C.-du-N., ar. Guingamp, c^{on} et c^{ne} St-Nicolas-du-Pelem], 1547.

Kerlaho (Perrot de), 869.

Kerlimier (Pierre de), 1920.

Kerlinch (Herman), 2491, 2513.

Kerloeguen (Guillaume de), 593.

Kerloeguen (Maurice de), 593.

Kerloeguen (Maurice de), 2527.

Kerlouenec (De). V. Kerlozrec (De).

Kerlozrec, Kerlouenec (Maurice de), bailli de Léon, 766.

Kermabon (Eon de), 2387.

Kermadec (Perrot), 2576.

Kermaouen (Alain de), 788.

Kermaouen (Henri), prieur d'Arzon, 595.

Kermartin [C.-du-N., ar. Lannion, c^{on} Tréguier, c^{ne} Minihy-Tréguier], chapellenie St-Yves, 1170.

Kermartin (Olivier de), 1141 n.

Kermathean (Henri de), capitaine de Quimperlé, puis de Lesneven, 147, 195, 320.

Kermavan, Kermarven; auj. Carman. Château en Kernilis. V. Kernilis.

Kermavan, Carmaouan (Le sire de), 1622; capitaine de Brest, 1750, 2050.

Kermelec (Alain de), 1490, 1511.

Kermelec (Eon, Yvon de), 1213; châtelain de Huelgoat, 1549.

Kermelec, Kermelech, Kermeleuc, Quermellec (Jean de), 173, 1007, 1149, 1169, 1171, 1189, 1409, 1485, 1491, 1495, 1498, 1502, 1505, 1513,

1521, 1527, 1529, 1532, 1534, 1538, 1539, 1545, 1552, 1579, 1581, 1583, 1597, 1598, 1600 bis, 1601, 1604, 1613, 1635, 1646, 1654, 1659, 1669, 1680, 1681, 1685, 1723, 1731, 1741, 1762, 1793, 1795, 1799, 1805 à 1808, 1815, 1850, 1855, 1872, 1874, 1930, 1931, 1938, 1949, 1968, 1974, 2035, 2046, 2061, 2085, 2096, 2140, 2148, 2149, 2156, 2157, 2170, 2217, 2252 à 2256, 2263, 2301, 2302, 2303, 2305, 2322, 2323, 2324, 2336, 2341, 2378, 2431, 2432, 2435, 2448, 2519, 2521, 2656; s^{gr} de de Châteaugal, 1526, 1559; capitaine de Quimper, 399; capitaine de l'Isle, 1464.

Kermelegan (Bernard), 1136.

Kermelou (Geoffroy de), 2186.

Kermen [C.-du-N., ar. Guingamp, c^{on} et c^{ne} Maël-Carhaix], 512.

Kermené, Carmené (Alain de), 1570, 1704.

Kermené, Carmené (Jean de), 1004, 1391, 1570.

Kermené (Pierre de), 1704.

Kermesou (Jean), 2433.

Kermesou (Yvon), 2433.

Kermoisan (Charles de), 668.

Kermoisan (Jean de), 668.

Kermoisan (Pierre de), 2264.

Kermoisen (Guillaume de), 628.

Kermoroch, Karmorech [C.-du-N., ar. Guingamp, c^{on} Bégard], 33.

Kermorvan [Fin., ar. Morlaix, c^{on} Lanmeur, c^{ne} Plougasnou]. S^{gr}.V. Salomon de Kergournadech.

Kermorvan (Henri de), 21, 71 n.

Kernabat (Jacob), 556.

Kernechriou (Alain de), 2371.

Kernechriou, Quenchriou (Olivier de), 1299, 1546 bis.

Kernechriou (Philippe de), 2371.

Kernechriou, Kaernethriou (Prigent de), 1104.

Kernechriou (Roland de), 2371.

Kernechuzian (De). Acte signé par lui, 2449.

Kerneguell. V. Kernével.

Kernegues (Eon de), 486, 925.

Kernével, Kerneguell [Fin., ar. Quimperlé, c^{on} Bannalec], 971.

Kernevel, Kernevec (Jean de), 1547.

Kernevenay (Jean de), 22 n., 547.

Kernilis, Kernilis-Kermaon, Kernillis-Kermarven, Kernilis-Kaermavan [Fin., ar. Brest, c^{on} Plabennec], 234, 767, 2120.

Kernouet. V. Carnouet.

Keroseré, Kerozeré. V. Kerouzeré.

Kerourcuff, Kerocuff, Kerorcunff (Bernard de), 1426, 1440, 1443, 1448, 1466; sénéchal de Cor-

L

Lambader, Lanbader [Fin., ar. Morlaix, cᵒⁿ Plou-
zévédé, cⁿᵉ Plouvorn], 2062, 2072. — Chapelain.
V. Guillaume Baeleuc.

Lamballays (Eon le), 2208.

Lamballe, Lenballe [cᵒⁿ, C.-du-N., ar. St-
Brieuc], 1081, 1104 n., 1424, 1449, 1455, 1482,
1512, 1512 ᵇⁱˢ, 1550, 1717, 1736, 1751, 1804,
1930, 1941, 1974, 2025, 2033, 2071, 2080, 2081,
2119, 2156, 2160, 2262, 2267, 2290, 2302, 2313,
2323, 2419. — Notre-Dame, église puis collégiale, 1424, 2208, 2267, 2313; doyen. V. Rolland Boucquouet; chantre. V. André Guillard.
— St-Jean, église, 2033.

Lamballe (Alloués de), 1455, 1484, 1673, 1724,
1778, 1793, 2006, 2081, 2262, 2345, 2366, et v.
Louis le Nevou. — Procureurs, 1455, 1484,
1673, 1724, 1778, 1793, 2006, 2081, 2156, 2262,
2366, et v. Yvon Conan, Jean de Lindreuc, Jean
le Felle. — Receveurs, 1424, 1455, 1472, 1724,
1801, 2267, et v. Roland Balusson, Alain Guillemet, Jean le Picart, Charles Mancel. — Sénéchaux, 1455, 1472, 1484, 1488, 1527, 1535, 1569,
1616, 1617, 1673, 1724, 1778, 1793, 1943, 2006,
2081, 2262, 2345, 2366, et v. Jean Troussier. —
Acte daté de Lamballe, 2033.

Lambart (Pelegrin), 841.

Lambilly, Lembili, Lembilly [Morb., ar. et cᵒⁿ
Ploërmel, cⁿᵉ Taupont]. Sgʳ. V. Lambilly (Jean
de).

Lambilly (Jean de), cxvi, 2140.

Lamec, le Lameuc (Yvon), 2417.

Lameur. V. Lanmeur.

Lamoureux (Jamet), 1243, 1418.

Lanarvily, Lanhervilly [Fin., ar. Brest, cᵒⁿ Pla-
bennec], 2120.

Lanay, var. Lanuaz (Alain), 2051.

[Lancastre (Thomas de)], duc de Clarence, 1284.

Lancly, Lenclis [L.-Inf., ar. St-Nazaire, cᵒⁿ et cⁿᵉ
Guérande], 1868.

Landais (Perrot), 503.

Lande (La) [Ille-et-Vil., ar. Redon, cᵒⁿ et cⁿᵉ Gui-
chen]. Sgʳˢ. V. Jean III et Jean IV d'Acigné.

Lande (G. de la). Actes signés par lui, 2416, 2420.

Lande (Geoffroy, sire de la), 1347.

Lande (Guillaume de la), 1089; lieutenant du capitaine de Rennes, 1346.

Lande (Macé de la), 517.

Lande (Perrot de la), 667.

Lande (Philippot de la), capitaine de Langarzeau,
112.

Lande (R. de la). Acte signé par lui, 1913.

Lande (Robin de la), 931.

Lande (Tristan de la), 432, 564, 720, 1041, 1044,
1052, 1065, 1072, 1074, 1080, 1092, 1103, 1106,
1108, 1110, 1133, 1168, 1243, 1246, 1314, 1336,
1347, 1368, 1477, 1480, 1484, 1503, 1510, 1536,
1660, 1869, 1878, 2038; capitaine d'Auray, 353;
capitaine de Guérande, 370; capitaine de St-
Malo, 1560 ᵇⁱˢ; capitaine de Redon, 1622; gou-
verneur du comté de Nantes, 721, 722, 769, 797,
1093, 1125, 1149, 1189; grand-maître d'hôtel du
duc de Bretagne, 1413, 1415, 1447, 1491, 1509,
1511, 1512, 1524, 1529, 1532, 1540, 1548, 1560,
1569 ᵇⁱˢ, 1572, 1585, 1594, 1597, 1604, 1614,
1616, 1617, 1627, 1635, 1641, 1653, 1679, 1686,
1723, 1729, 1730, 1732, 1734, 1741, 1794, 1799,
1813, 1814, 1820, 1824, 1828, 1830, 1831, 1843,
1850, 1853, 1860, 1864, 1867, 1870, 1874, 1885,
1891 n., 1893 à 1896, 1934, 2661, 2680.

Lande (Béatrix de la), 239; dame de Derval et
d'Issé, 1388.

Lande (Martine de la), 343.

Landéan [Ille-et-Vil., ar. et cᵒⁿ Fougères], 1216,
et cf. Pas-au-Moulnier (Le).

Lande-au-Provost (La) [Morb., ar. Vannes, pres-
qu'île de Rhuis], 2038.

Landebaëron, Landebazron [C.-du-N., ar. Guingamp, cᵒⁿ Bégard], 2574.

Landéhen, Lendehen [C.-du-N., ar. St-Brieuc, cᵒⁿ
Lamballe], 1668, 1804, 2156.

Landeleau [Fin., ar. Châteaulin, cᵒⁿ Châteauneuf-
du-Faou], 1413, 1414.

Landerneau [cᵒⁿ, Fin., ar. Brest], 983, 1161, 1486,
1510, 1567, 1631, 2284, 2506.

Landujan, Landugean [Ille-et-Vil., ar. Montfort,
cᵒⁿ Montauban], 1026, et cf. Lendugean (De).

Langala (Yves de), 287.

Langan [Ille-et-Vil., ar. Montfort, cᵒⁿ Bécherel],
2610.

Langan (Jean de), 1215.

Langar (Jean de), 446.

Langarzeau, Languerzeau [C.-du-N., ar. St-Brieuc,
cᵒⁿ Plouha, cⁿᵉ Pludual], château. — Capitaine.
V. Philippot de la Lande. — Actes datés de Langarzeau, 1576, 1578.

Langeais [cᵒⁿ, Indre-et-Loire, ar. Chinon], 1598.

Langlais (Jean), 625.

Langle (De). V. Angle (De l').

Langley [Angleterre], manoir, 1490 n.

Langoez. V. Langueoez.

Langon [Ille-et-Vil., ar. et cᵒⁿ Redon], 1613, 2116,
2355, 2452, 2521.

N

Doyens, 2085, et v. Jean le Brus, Guillaume Eder. — Chantre. V. Pierre Piedru. — Official, 1820, 2475. — Scolastiques. V. Gacien de Monceaux, Jean Merven. — Chanoines. V. Jacques Ferré, Jean de Guisery, Guillaume Yaes, Pierre Avril. — Chapelain. V. Julien Louzet. — Notre-Dame, collégiale, 1924, 2470 n. — Ste-Donatien et Rogatien, collégiale, 144. — St-Vincent, paroisse, 1116. — Ste-Croix, paroisse, 1093, 1115, 1116. — Ste-Radegonde, paroisse, 2270. — Ste-Croix, prieuré, 670; prieurs, 2230 et v. Nicolas de Launay; religieux, v. Jean Davise. — Toute-Joie, prieuré, 2496; prieur, v. Bernard le Bel. — Toussaint, aumônerie, 1536. — Carmes, 1517, 1584. — Cordeliers, 1192 n., 1955, 2654 n.

Nantes. — Bouffay (Le), 1149. — Brient-Maillart (Porte du port), 2020. — Châteaugaillart, motte, 1585. — Chaussée (Rue de la), xe n. 4; 1302. — Fosse (La), 2533.— Gloriette, île, 1476, 1685. — Monnaie et monnayeurs, 736, 810 n., 1440, 1452, 2317. — Pilori (Le), 1302; rue, 1116. — Pirmil, Piremil, Pillemil, 101, 1108, 1182, 1183, 1960 n.; capitaines, v. de la Garde, Jean de l'Angle, Guillaume de la Borde, Robert Sorin; actes datés de Pirmil, 1925, 1926, 1957, 2230, 2365. — Poissonnière, porte, 2020. — Pontereau (Le petit), pont, 1536. — Ponts (Les) 1536, 1960 n., 2024, 2152, 2352. — Richebourg, 1585. — St-Nicolas, porte, 2020. — St-Pierre, place, 1115; porte, 1585, 2020. — Ste-Catherine, 2093. — Sauzaie, Saulsaye (La), 1059, 1960 n. — Tour Neuve (La), château, IV, xc, 1456. — Tousche (La), manoir, cxxxiv; actes datés de la Tousche, 2478, 2554.

Nantes. — Alloués, 7, 9, 101, 275, 452, 467, 500, 511, 530, 541, 572, 574, 588, 670, 720, 721, 722 bis, 737, 751, 769, 773, 823, 850, 960, 961, 965, 968, 1056, 1093, 1106, 1108, 1114, 1116, 1120, 1122, 1148, 1149, 1156, 1175, 1176, 1256, 1302, 1403, 1421, 1453, 1501, 1536, 1538, 1539, 1540, 1579, 1585, 1594, 1597, 1612, 1648, 1660, 1689, 1701, 1729, 1811, 1831, 1846, 1864, 1899, 1925, 1964, 1971, 2020, 2065, 2089, 2117, 2241, 2270, 2312, 2352, 2384, 2385, 2435, 2455, 2471, 2475, 2478, 2484, 2485, 2498, 2505, 2509, 2523, 2529, 2531, 2533, 2549, 2551, 2556, 2654, 2656, et v. James le Flazne, Robert l'Espervier, Jean Guiole.

Nantes. — Capitaines, 101, 1056, 1108, 1175, 1536, 1585, 1612, 1846, 1938, 2020, 2347, 2352, 2435, 2533, et v. Gilles d'Elbiest, Olivier de Mauny.

— Connétables, 267, 2020, et v. Jean de Sesmaisons. — Contrerolles, 1114, 1349, 2390, et v. Robinet de Lescarout, Geoffroy Barbe.— Maître des œuvres. V. Guillemin Rivault. — Notaire. V. Guillaume Racapé.

Nantes. — Prévôts, 327, 541, 588, 670, 749, 965, 1108, 1114, 1116, 1120, 1149, 1156, 1302, 1421, 1536, 1612, 1846, 1899, 2020, 2089, 2352, 2435, 2455, 2478, 2484, 2498, 2505, 2531, 2533, 2551, et v. Robert l'Espervier.

Nantes. — Procureurs, v; 7, 99, 101, 386, 500, 541, 572, 574, 588, 600, 670, 679, 720, 721, 722 bis, 737, 749, 751, 769, 773, 965, 968, 1056, 1059, 1093, 1106, 1108, 1113, 1114, 1116, 1142, 1148, 1149, 1175, 1190, 1197, 1256, 1302, 1403, 1421, 1453, 1501, 1536, 1585, 1594, 1612, 1648, 1689, 1729, 1811, 1831, 1846, 1864, 1899, 1925, 1964, 1971, 2020, 2065, 2089, 2117, 2237, 2241, 2270, 2312, 2352, 2384, 2385, 2435, 2455, 2475, 2478, 2484, 2485, 2498, 2505, 2509, 2523, 2529, 2531, 2533, 2549, 2551, 2554, 2556, 2654, 2656, et v. James le Bel. — Procureur des bourgeois, 1846, 2498.

Nantes. — Receveurs, 101, 572, 670, 720, 721, 965, 1093, 1116, 1149, 1398, 1403, 1421, 1535, 1536, 1585, 1592, 1594, 1612, 1689, 1815, 1898, 2089, 2117, 2152, 2154, 2241, 2352, 2543, 2669, et v. Robert Faucillon, Jean Couldeboue, Jean Morin, Thomas Moreau. — Receveurs de la prévôté, 965, 2152, et v. Nicolas Gilles.

Nantes. — Sénéchaux, 97, 101, 224, 275, 452, 467, 500, 511, 530, 541, 572, 574, 588, 720, 721, 722, 722 bis, 737, 739, 751, 769, 773, 823, 829, 850, 942, 960, 961, 965, 968, 1056, 1059, 1093, 1114, 1116, 1120, 1122, 1126, 1136, 1148, 1149, 1156, 1166, 1175, 1176, 1190, 1197, 1216, 1256, 1283, 1286, 1287, 1302, 1348, 1368, 1403, 1409, 1410, 1411, 1421, 1425, 1434, 1438, 1439, 1440, 1443, 1445, 1447, 1448, 1449, 1451, 1453, 1455, 1466, 1501, 1502, 1531, 1536, 1538, 1539, 1540, 1546, 1549, 1551, 1552, 1553, 1560, 1567, 1572, 1579, 1583, 1585, 1594, 1612, 1648, 1660, 1685, 1689, 1701, 1729, 1731, 1811, 1812, 1814, 1831, 1846, 1851, 1852, 1864, 1872, 1887, 1899, 1925, 1941, 1964, 1971, 2020, 2065, 2081, 2089, 2117, 2146, 2157, 2241, 2270, 2303, 2312, 2352, 2427, 2435, 2455, 2471, 2475, 2478, 2484, 2485, 2498, 2505, 2509, 2523, 2528, 2529, 2531, 2533, 2549, 2551, 2554, 2556, 2654, 2656, 2657, 2662, 2665, 2667, et v. Jean du Tertre, Guillaume Declin, Olivier de Champballon, Robert l'Espervier.

Piré [Ille-et-Vil., ar. Rennes, c^{on} Janzé], 2625.

Piriac, Pihiriac [L.-Inf., ar. St-Nazaire, c^{on} Guérande], 2690 n.

Pirmil, Piremil. V. Nantes.

Piron (J.). Actes signés par lui, 2072, 2140, 2194, 2389.

Pise (Concile de), 1043 n.

Pitart (Raoul), 872.

Pitart (Thomas), 603.

Plabennec, Plœabenec [c^{on}, Fin., ar. Brest], 2353.

Plahha. V. Plouha.

Plaine-Foulgiere. V. Pleine-Fougères.

Plaisance, Plesance [Morb., c^{ne} Vannes], manoir, 2188, 2290, 2360. — Actes datés de Plaisance, 2189, 2263, 2343, 2344, 2345, 2377, 2459, 2548.

Plancoët, Plencoet [c^{on}, C.-du-N., ar. Dinan], 1244, 1287, 1411, 1447, 1553, 1793. — Dame. V. Tiphaine du Guesclin. — Receveur. V. Guillaume Grassel. — Sénéchal, 1216, 2663.

Planguenoual [C.-du-N., ar. St-Brieuc, c^{on} Pléneuf], 1455.

Plaremel. V. Ploërmel.

Plédéliac, Plædelia, Plœdelia [C.-du-N., ar. Dinan, c^{on} Jugon], 1447, 2627.

Plédran (Jeanne, dame de), 2122.

Pléguien, Plouguiuen [C.-du-N., ar. St-Brieuc, c^{on} Lanvollon], 1710.

Pléhédel, Pleuhedel, Plocheudel [C.-du-N., ar. St-Brieuc, c^{on} Plouha], 1574, 2567.

Plehenet. V. Plouhinec.

Pleimyt. V. Plémy.

Pleine-Fougères, Plaine-Foulgiere [c^{on}, Ille-et-Vil., ar. St-Malo], 2607.

Plélan-[le-Grand, c^{on}, Ille-et-Vil., ar. Montfort], 1717, 2458.

Plelen. V. Pleslin.

Plélo, Plelou [C.-du-N., ar. St-Brieuc, c^{on} Châtelaudren], 1447, 1531. — Chapelle St-Gilles, 1447.

Plelou. V. Plélo.

Plémet, Plemeit, Plesmet [C.-du-N., ar. Loudéac, c^{on} la Chèze], 606, 2573.

Plemuz. V. Plymouth.

Plémy, Pleimyt [C.-du-N., ar. Loudéac, c^{on} Plouguenast], 1455.

Plencoet. V. Plancoët.

Pléneuf, Plœneuc [c^{on}, C.-du-N., ar. St-Brieuc], 1806.

Plenez. V. Plounez.

Pleuc (De). V. Pleue (De).

Plerguer, Ploergar [Ille-et-Vil., ar. St-Malo, c^{on} Châteauneuf], 30.

Plérin [C.-du-N., ar. et c^{on} St-Brieuc], 1447.

Plermel. V. Ploërmel.

Plesance. V. Plaisance.

Pleseit-Bertram (Le). V. Plessis-Bertrand (Le).

Plésidy, Plesidi [C.-du-N., ar. Guingamp, c^{on} Bourbriac], 2204.

Pleslin, Plelen [C.-du-N., ar. Dinan, c^{on} Ploubalay], 876.

Plesmet. V. Plémet.

Plessala, Plœssalla [C.-du-N., ar. Loudéac, c^{on} Plouguenast], 2649.

Plessé, Plessé-delez-le-Gavre [L.-Inf., ar. St-Nazaire, c^{on} St-Nicolas-de-Redon], 1075 n.

Plessis, Plesseys, Plexeis (Jean du), 1190, 1765. — Actes signés par lui, 1840, 1842, 2075, 2110, 2680.

Plessis, Plesseiz (Olivier du), 2617.

Plessis-Balisson, Plessix-Balliczon (Le) [C.-du-N., ar. Dinan, c^{on} Plancoët], 2516.

Plessis-Bertrand, Pleseit-Bertram, Plexeis-Bertran (Le) [Ille-et-Vil., ar. St-Malo, c^{on} Cancale, c^{ne} St-Coulomb], 528. — Sgr. V. Pierre Tournemine. — Dame. V. Tiphaine du Guesclin.

Plessis-de-Reczac-lès-Redon (Le) [Morb., ar. Vannes, c^{on} Allaire, c^{ne} St-Perreux]. Actes datés de ce lieu, 2357, 2444, 2456, 2503, 2504, 2518, 2521, 2532, 2536.

Plessis-Giffart (Le) [Ille-et-Vil., ar. Montfort, c^{on} Bécherel, c^{ne} Irodouer]. Sgr. V. Jean Giffart.

Plessis-Guérif, Plesseix-Guerriff (Le) [Ille-et-Vil., ar. Redon, c^{on} le Sel, c^{ne} Saulnières], 2041.

Plessis-Guéry, Plexeilz-Guerri (Le) [L.-Inf., ar. Nantes, c^{on} Clisson, c^{ne} Monnières]. Sgr et dame. V. Guillaume de St-Gilles, Jeanne Sauvaige.

Plessis-l'Abbé (Le). Acte daté de ce lieu, 2487.

Plessis-Pillet (Le) [Ille-et-Vil., ar. Rennes, c^{on} Liffré, c^{ne} Dourdain]. Sgr. V. Jean de Monhourcher.

Plestan [C.-du-N., ar. Dinan, c^{on} Jugon], 1778, 2622.

Plestin, Plestein, Plœstin [c^{on}, C.-du-N., ar. Lannion], 1628, 1681, 1912, 2146.

Pleubian, Plubihan [C.-du-N., ar. Lannion, c^{on} Lézardrieux]. — Prieure. V. Jeanne de la Chapelle.

Pleue, Plouch, Pleue-Gausson. V. Pleue.

Pleugriffet, Ploegriffet [Morb., ar. Ploërmel, c^{on} Rohan], 952.

Pleuhedel. V. Pléhédel.

Pleuigner. V. Pluvigner.

Plexeis, Plexeix, seul ou en composition. V. Plessis.

Ploaha. V. Plouha.

21

Plœsulien. V. Plussulien.

Plœuc. V. Plouëc.

Plœuc, Pleuc-Gausson [con, C.-du-N., ar. St-Brieuc], 1480 bis, 2292.

Plœuc, Pleouc, Pleuc, Pleuch, Plœc, Plouec, Pleueuc (Guillaume, sire de), 1480 bis, 1491, 1549, 1551, 1753, 2352, 2365, 2447, 2459, 2463, 2481, 2485, 2488, 2533, 2549, 2677.

Plœuenan. V. Plouénan.

Plœvara. V. Plouvara.

Plœvigner. V. Pluvigner.

Ploëzal, Ploesal [C.-du-N., ar. Guingamp, con Pontrieux], 2447.

Ploezec, Ploezeuc. V. Plouézec.

Ploezevet. V. Plozévet.

Ploezoch. V. Plouézoch.

Ploezunet. V. Pluzunet.

Plogastel-St-Germain, Ploegastell [con, Fin., ar. Quimper], 971.

Plogonven. V. Plougonven.

Plonéis, Ploeneiz [Fin., ar. Quimper, con Plogastel-St-Germain], 332.

Ploneventer. V. Plounéventer.

Plonévez-Porzay, Porzai [Fin., ar. et con Châteaulin]. — Receveur. V. Hervé de Kergouzian.

Plouagat [con, C.-du-N., ar. Guingamp], 1548.

Plouaret, Ploearmet [con, C.-du-N., ar. Lannion], 2504.

Ploubalay [con, C.-du-N., ar. Dinan], 2366, 2516.

Ploubazlanec, Plochalannec [C.-du-N., ar. St-Brieuc, con Paimpol], 1449, 1512.

Ploudalmézeau [con, Fin., ar. Brest], 2257.

Ploudiry, Ploediry [con, Fin., ar. Brest], 2446.

Plouëc, Ploeuc [C.-du-N., ar. Guingamp, con Pontrieux], 2371.

Plouec (De). V. Plœuc (De).

Plouénan, Plocuenan [Fin., ar. Morlaix, con St-Pol-de-Léon], 1780.

Plouer (Pierre de), 2387.

Plouernest (?). V. Plougourvest.

Plouesneven. V. Plounévez-Lochrist.

Ploueuc (De). V. Plœuc (De).

Plouézec, Ploesec, Ploezec, Ploezeuc [C.-du-N., ar. St-Brieuc, con Paimpol], 1824, 2667.

Plouézoch, Ploezoch [Fin., ar. Morlaix, con Lanmeur], 1597.

Plougar, Ploegar [Fin., ar. Morlaix, con Plouescat], 1854.

Plougasnou [Fin., ar. Morlaix, con Lanneur], 2417, 2507.

Plougonvelin, Ploecovelen, Ploegonvelen [Fin., ar. Brest, con St-Renan], 519, 2046, 2404.

Plougonven, Plogonven [Fin., ar. Morlaix, con Plouigneau], 2433.

Plougourvest, Ploervest, Plouernest (?) [Fin., ar. Morlaix, con Landivisiau], 2527.

Plougras, Ploecroiz, Ploegrois, Ploegroys [C.-du-N., ar. Lannion, con Plouaret], 1628, 2146, 2536.

Plougrescant, Ploegrescant, Ploegresquant, Ploegresquent [C.-du-N., ar. Lannion, con Tréguier], 1409, 1523, 1546 bis, 1570 bis, 1576, 1829, 1843, 1856, 1944, 2411, 2413, 2424.

Plouguiel, Ploeguiel, Ploeguiell [C.-du-N., ar. Lannion, con Tréguier], 1409, 1576, 1829, 1843, 1856, 1944, 2411, 2413, 2424.

Plouguiuen. V. Pléguien.

Plouha, Plahha, Ploaha, Ploeha [con, C.-du-N., ar. St-Brieuc], 1454, 1824, 2667.

Plouhinec, Plehenet, Plouzinec [Morb., ar. Lorient, con Port-Louis], 33, 1694.

Plouider, Ploedider, Ploediner [Fin., ar. Brest, con Lesneven], 1448, 1604, 1681.

Plouigner. V. Pluvigner.

Ploujean, Ploejehan [Fin., ar. et con Morlaix], 489.

Ploumagoar, Ploemagoer, Ploemaugoer, [C.-du-N., ar. et con Guingamp], 2212, 2619.

Ploumoguer, Ploemoguer [Finist., ar. Brest, con St-Renan], 230, 2432.

Plounéour-Ménez, Ploencour-en-Léon [Fin., ar. Morlaix, con St-Thégonnec], 2559. — Curé. V. Jean Doillo.

Plounéour-Trez, Plouneour-eis-Trez, Ploeneur [Fin., ar. Brest, con Lesneven, 535, 1577, 1604, 1680, 1681.

Plounérin, Ploenerin [C.-du-N., ar. Lannion, con Plouaret], 1628, 2146.

Plounéventer, Ploneventer [Fin., ar. Morlaix, con Landivisiau], 2602.

Plounévez-Lochrist, Ploenavaz, Plouesneven [Finist., ar. Morlaix, con Plouescat], 69, 1324. — Curés. V. Jean Taule, Hervé Kerredan.

Plounévez-Quintin, Ploenez-Quintin [C.-du-N., ar. Guingamp, con Rostrenen], 740.

Plounez, Plenez [C.-du-N., ar. St-Brieuc, con Paimpol], 2667.

Plourin, Ploerin [Plourin-Morlaix, Fin., ar. et con Morlaix, ou bien Plourin-Ploudalmézeau, Fin., ar. Brest, con Ploudalmézeau], 820.

Plourivo, Plurivo [C.-du-N., ar. St-Brieuc, con Paimpol], 2667.

Precel (Jamet), 1437.

Précigné (Sgr de). V. Bertrand de Beauveau.

Preczart, Precart, Pressac (Guillaume), 1121, 2658, 2667 ; trésorier général de Bretagne, 1074, 1081 ; procureur général de Bretagne, 1106, 1142, 1243, 1325, 1456, 1464, 1527, 1824, et cf. Bretagne, procureurs généraux.

Preczart, Prezart (Guillaume), capitaine de Solidor, 1402.

Predriel (Thomas), 558.

Prégent, Prigent (Jean), IV, c, 1855, 1912, 1914, 1925, 1926, 1930, 1938, 1953, 2179 ; official de Vannes, XCI, 1944 ; archidiacre d'Acre ou d'Acre-Léon, XCI, 1957, 1959, 1979, 2056, 2060, 2061 [v. aux Corrections], 2115, 2123, 2127, 2183, 2184, 2188, 2189, 2190, 2194, 2195, 2213, 2216, 2218, 2221, 2225, 2226, 2692 ; évêque de Léon, XCI, 2204, 2230, 2235, 2237, 2241, 2245, 2252 à 2256, 2259, 2262, 2267, 2269 à 2272, 2274, 2275, 2279, 2284, 2289, 2290, 2292, 2295 à 2299, 2301, 2302, 2305, 2318, 2320, 2322, 2323, 2324, 2327, 2336, 2341 ; évêque de St-Brieuc, XCI, 2352 ¹, 2356, 2357, 2359, 2365, 2366, 2370, 2371, 2373, 2374, 2394, 2401, 2424, 2431, 2432, 2435, 2436, 2439, 2441, 2448, 2454, 2455, 2460, 2463, 2470 et n., 2475, 2481, 2488, 2499, 2500, 2501, 2502, 2504, 2506, 2508, 2509, 2510, 2519, 2523, 2528 à 2531, 2534, 2542, 2543, 2549, 2554.

Prés (Les) [Ille-et-Vil., ar. Fougères, con St-Aubin-du-Cormier, cne Vendel], 1872.

Prés-aux-Seigneurs (Les) [L.-Inf., ar. Nantes, con et cne Machecoul], 2295.

Presbtre, Prestre (Jean le), 513, 1216, 1421, 1707, 1997 ; sénéchal de Moncontour, 1311, 1319 ; alloué de Rennes, 1860, 1902, 1953, 2001, 2603, 2609.

Preseau (Eonnet), 2053.

Pressac. V. Preczart.

Prevost (Alain le). V. Provost (Alain).

Prevost (Jean le), 1781.

Prezart. V. Preczart.

Prières [Morb., ar. Vannes, con Muzillac, cne Billiers], abbaye, 28, 224, 632, 970, 1057, 1058, 1121, 1452, 1507, 1535, 1566, 1568, 1582, 1586, 1607, 1620, 1621, 1690, 1701, 1772, 1816, 1827, 1851, 1868, 1886, 1927, 1939, 2024, 2152, 2154, 2196, 2203, 2274, 2301, 2489, 2520. — Abbés,

31, 62, 1035, 1071, 1400, 1422, 1425, 1449, 1467, 1527, 1535, 1939. — Actes datés de Prières, 2315, 2338.

Prigent. V. Prégent.

Prigny, Prugné [L.-Inf., ar. Paimbœuf, con Bourgneuf, cne les Moutiers], 2278, 2295.

Princé, Princey, Princzay, Prinsay [L.-Inf., ar. Paimbœuf, con Bourgneuf, cne Chémeré], 2028, 2216, 2295, 2296, 2298, 2302, 2486. — Châtelain. V. Jean le Roy. — Acte daté de Princé, 2231.

Princzay, poursuivant, 2273.

Prinsay. V. Princé.

Procé [L.-Inf., ar. Nantes, con la Chapelle-sur-Erdre, cnes Succé et Grand-Champ]. Sgr. V. Raoul Grimaud.

Proude, 1499.

Provence (Le président de). V. Jean Louvet.

Provost, le Prevost (Alain), 2134, 2479.

Provost (Alain le), 2658.

Provost (Eon le), 695.

Provost (G. le), 892.

Provost (Jean le), 604, 892.

Provost (Thomas), 661.

Provost (Jeanne le), 1872.

Prugné. V. Prigny.

Prusse, Pruce (La), 1708.

Puy (Jean du), 1244.

Puy-en-Velay (Le) [Hte-Loire], 1272.

Q

Queberan, Queberen, Queberoen, Queberon. V. Quiberon.

Queberon (Olivier de), 1684.

Quebriac (Bonnabes de), 528.

Quebriac (Eustache de), 2266.

Quebriac (Nesmes de), 528.

Quebriac (Robert de), 528.

Quedillac (Jean), 882.

Quedillac (Rolland de), 976.

Queheriac [C.-du-N.], village, 1422.

Quelbignon (De). V. Quilbignon (De).

Quelen (Conan de), 418.

Quelen (Jean de), 2387.

---

1. D'après les catalogues épiscopaux, les nombreuses mentions de l'évêque de St-Brieuc relatées par les nos 2352 à 2554, devraient être attribuées à Jean l'Espervier. Nous avons, dans une note du no 2470, démontré qu'elles concernent Jean Prégent.

l'Hospital, Jean Uguet, Jean Loisel, Jean du Bois.

Rennes (Actes datés de), 96, 97, 99, 101 à 104, 965, 966, 968, 971, 972, 1035, 1071, 1072, 1074, 1122, 1123, 1126, 1133, 1198, 1215 à 1218, 1246, 1261, 1339, 1346 à 1349, 1351, 1484 à 1489, 1501, 1502, 1504, 1505, 1509, 1529, 1551, 1593, 1642, 1672 à 1675, 1762, 1770, 1776, 1797, 1802, 1803, 1835, 1836, 1840, 1871, 1872, 1874, 1912, 1914, 1974, 1977, 1979, 1981, 1983 à 1985, 2000, 2001, 2003, 2006, 2117, 2118, 2120, 2157, 2181 à 2184, 2213, 2373, 2374, 2499 à 2501, 2557.

Renroet, Renrouet. V. Ranrouet.

Repoessart (Perrot), 1809.

Res. V. Rays.

Ressac. V. Reczac.

Resson (Alain), chanoine de Tréguier, 1299.

Retel, village des Marches entre Poitou et Bretagne, 340.

Réthel [Ardennes] (Comte de). V. Bourgogne (Antoine de).

Retiers. V. Rhétiers.

Reuis, Reuys. V. St-Gildas-de-Rhuis.

Reux, Rex. V. Rieux.

Reyne (Margot la), 284.

Rezay (Martin de), 248, 407.

Rezay (Pierre de), 248.

Rezay (Sevestre de), 248.

Rezé, Rezay [L.-Inf., ar. Nantes, con Bouaye], 1115.

Rhéthiers, Retiers [con, Ille-et-Vil., ar. Vitré], 685, 2616.

Rhuis, Rhuys. V. St-Gildas-de-Rhuis.

Riaczon (Pierre), 2227, 2261.

Riant (Guillaume), 2387.

Riantec [Morb., ar. Lorient, con Port-Louis], 2582.

Riboulle (Agnès), prieure du Bourg-des-Moutiers et du Bois-Garin, alias Bon-Garant, 1899.

Rice, Rieze (Antoine), 428, 992, 2658.

Richard (Giquel), 97.

Richard (Guillaume), 1309.

Richart (Pierre), 2402.

Richemont, Richemond [Angleterre], comté, 1084, 1132. — Comtes. V. Bretagne (Jean V, duc de), Bretagne (Arthur de).

Richemont, héraut anglais, 1880 n.

Richerot (Berthelot), 51.

Rieze. V. Rice.

Ridelières (Gilles des), capitaine de l'Espine-Gaudin, 2340.

Rie. V. Rye.

Riellou, Riclou (Charles), 2388, 2422, 2431, 2449.

Riellou, Riclou (Jean), 2388, 2422, 2431, 2449.

Rieux, Reux, Rex [Morb., ar. Vannes, con Allaire], cxxxi n. 11 [v. aux Corrections], 1622. — Prieurs. V. Jean de St-Guedas, Raoul Foucquet. — Actes datés de Rieux, 2238, 2240, 2244, 2391, 2392.

Rieux, Riez, Rex (François, sire de), baron d'Ancenis, 1957, 2136, 2236, 2372, 2379, 2382, 2439, 2452, 2478, 2529; sire de Rochefort, 2379, 2439, 2478.

Rieux (Jean II, sire de) et de Rochefort, 127, 773, 915, 2667.

Rieux (Jean III de), sire de Châteauneuf, 182, 294, 355, 528, 629, 1016, 1105; vicomte de Donges, 1201, 1202, 1243, 1416; sire de Rieux, Reux, Rex, 1403 à 1405, 1407, 1409, 1415 à 1417, 1419, 1422, 1423, 1425, 1426, 1428, 1431, 1433, 1435, 1438, 1439, 1441, 1445, 1447 à 1449, 1455, 1467, 1479, 1501, 1502, 1508, 1512, 1513, 1536, 1548, 1552, 1572, 1579, 1581, 1583, 1594, 1612, 1622, 1660, 1661, 1663, 1665, 1671, 1672, 1706, 1716, 1736, 1738, 1850, 1930, 1957, 2439, 2674, 2676, 2677; sire de Rochefort, 2439.

[Rieux (Michel de)], sire de Chasteauneuf, 1600 bis, 1850, 2203, 2380, 2394, 2453, 2679.

Rieux, Rex (Pierre de), dit de Rochefort, 33, 280, 405, 629, 1174, 1957; sire de Chasteauneuf, 1203 n., 2656; capitaine de St-Malo, 1203, 1205; maréchal de France, 1869, 1957, 2052, 2439.

Rieux (Dame de). V. Jeanne d'Harcourt.

Rieux (Béatrix de), dame de Rougé, de Derval et d'Issé, 1416, 2465.

Rieux (Marie de), 2000; vicomtesse de Thouars, 2233.

Riez (Notre-Dame de), Ryé [Vendée, ar. les Sables, con St-Gilles-sur-Vie], 2225.

Riez (Le sire de). V. Rieux (François, sire de).

Riguemen, Rigmeden (Georges), 1978, 2018, 2041, 2426; capitaine du Maine, 2103.

Rillé [faubourg de Fougères,] abbaye, 1329.

Rimoux, Rimo [Ille-et-Vil., ar. Fougères, con Antrain], 2405. — Recteur. V. Pierre Jumel.

Rinel (J. de). Acte signé par lui, 1556.

Riou (Colin), 823, 869.

Riou (Guillaume), 753.

Riou (Morinet), 2261.

Riou (Yvon), 1946.

Riou (Perrote), 753.

Ripvière. V. Rivière.

Rivault (Guillemin), maître des œuvres de Nantes, 1585.

V

Vaier (Le). V. Voyer (Le).

Vaillant, Vaillent (Perrot le), 653, 2633.

Vaillent (Jean), 674.

Vaillobe (Nicolas), 1267.

Val (Du), 274.

Val (Gilles du), 2145.

Val (Guillaume du), 390, 2033.

Val (Henri du), 2145.

Val (Yvon du), 2162.

Val (Marion du), 284, 993.

Valaines [Ille-et-Vil., ar. Fougères, con Louvigné-du-Désert, cne Le Ferré], 2115.

Valaise (Guillaume), 995.

Val-de-Morière (Le), Bademolière (La) [L.-Inf., ar. Nantes, con Legé, cne Touvois], prieuré. — Prieuré. V. Jeanne Chabot.

Valée. V. Vallet.

Val-Hermelin [C.-du-N., ar. St-Brieuc, con Moncontour, cne Quessoy], 2314.

Validire (Jean), 548.

Validire, dit de St-Léon (Jean), compagnon du confesseur de Jean V, 1281, 1312 ; confesseur, 1575, 1576, 1577, 1578, 1581, 1828, 1922 ; évêque de Léon, 1799, 1817, 1828, 1837, 1858, 1864, 1867, 1871, 1887, 1893, 1898, 1922, 1944, 1947, 1983, 2060, 2061, 2064, 2077 ; évêque de Vannes, 2127, 2163, 2173, 2302, 2309, 2432, 2451, 2459, 2549.

Vallais (Guillemet le), 1844.

Vallais (Perrin le), 1787.

Vallée (Thébaud de la), 2387.

Vallet, Valée, Vallée [con, L.-Inf., ar. Nantes], 1583, 2241.

Vallet (Pierre le), 1443.

Valmont [Seine-Inf.] (Bataille de), 1218 n.

Valois (Charles, duc d'Orléans et de). V. Orléans.

Vandehydie (Jean), 1218.

Vandrines. V. Vendrennes.

Vannes, diocèse et région, 659, 851, 924, 1622, 1661, 1939, 2132, 2170, 2401, 2441, 2592, et cf. Broerech. — Evêché, 1061. — Evêques. V. Henri le Barbu, Hugues Lestoquier, Amauri de la Motte, Jean Validire, Yves de Pontsal.

Vannes, Vennes, VII, CXXI à CXXXIII, 33, 52, 56, 346, 384, 404, 674, 800, 825, 967, 1097, 1142, 1174, 1184 n., 1223, 1224, 1332, 1394, 1452, 1456, 1485, 1488, 1493, 1501, 1512, 1524, 1554, 1560, 1576, 1583, 1594, 1601, 1613, 1712, 1745, 1791, 1815, 1839, 1864, 1867, 1882, 1893, 1947, 1984, 2018, 2025, 2111, 2160, 2178, 2179, 2222, 2281, 2283, 2289, 2296, 2306, 2346, 2426, 2548, 2676, 2681 n.

Vannes. — Chapitre et église, 228, 501, 652, 691, 1160, 1601, 1893, 2132, 2307, 2346, 2492. — Archidiacres, 1852, 2309. — Official, 652, 2309, et v. Jean Prégent. — Promoteur, 1178. — N.-D. de Chartres, 1791. — St-Patern, paroisse, 1791 ; curés, v. Pierre Hervou, Hervé Albin. — St-Pierre, église et paroisse, 1224, 1437, 1791, 1839, 2222, 2307. — St-Symphorien, église, 1791. — Ste-Catherine, chapelle, 1791. — Cordeliers, 1172, 1174, 1601.

Vannes. — Ballays (Rue du), 1839. — Cohue et marché, 1224, 1791, 1839, 2346. — Etang-au-Duc (L'), 1601. — Greguini (Porte du), 1524. — Hermine (Château de l'), 200, 403, 1791, et cf. Vannes, capitaines. — Monnayeur, 1514. — Moulins, 1601. — St-Patern, rue, 1791. — St-Pierre, rue, 2222. — St-Salomon, porte, 1174.

Vannes. — Alloués, procureurs, sénéchaux. V. Broerech. — Capitaines de Vannes, alias du château de l'Hermine, 924, 2170 et v. Robert de Craffort, Charles Lescauff. — Connétables, 924. — Lieutenants. V. Jean le Feuvre, Jean Jehanno. — Receveurs, 1310, 1524, 1535, 1791, 1815, 2070, 2222, et v. Perrot le Moulnier, Jean Labbé. Cf. Broerech, receveurs.

Vannes (Actes datés de), 9, 16, 25, 62 à 64, 80, 497, 952, 1031, 1033, 1064 à 1067, 1069, 1070, 1085, 1097, 1099, 1100, 1124, 1125, 1140 à 1142, 1161, 1162, 1164, 1166, 1168 à 1170, 1172, 1173, 1175, 1176, 1178 à 1180, 1182, 1183, 1189, 1190, 1196, 1197, 1212, 1223 à 1225, 1255 à 1257, 1299, 1328, 1344, 1381, 1399, 1400, 1401, 1414, 1415, 1417 à 1419, 1421, 1422, 1425, 1426, 1431, 1432, 1434 à 1441, 1443, 1445 à 1453, 1455 à 1463, 1465, 1466, 1468, 1471, 1477, 1480, 1480bis, 1495, 1498, 1499, 1510, 1511, 1514, 1520, 1530, 1534, 1549, 1580, 1585, 1591, 1598, 1599, 1605, 1606, 1608, 1610 à 1614, 1616, 1617, 1621, 1627, 1635, 1648, 1687, 1701, 1720, 1723, 1724, 1740, 1748, 1749, 1751, 1786, 1794, 1801, 1805, 1812, 1823, 1824, 1947, 1967, 1971, 2025, 2027, 2038, 2039, 2066, 2077, 2096, 2123 à 2125, 2127, 2128, 2132, 2144, 2155, 2156, 2157 n., 2163, 2164, 2168, 2169, 2173, 2175, 2180, 2186, 2188, 2190 à 2194, 2204, 2260 à 2262, 2264, 2283, 2284, 2296, 2301, 2304, 2313, 2314, 2322 à 2325, 2327, 2336, 2339

W

ACHEVÉ D'IMPRIMER

A NANTES

PAR ÉMILE GRIMAUD

POUR LA

SOCIÉTÉ DES BIBLIOPHILES BRETONS

LE X⁰ JOUR DE JUIN

M. DCCC. XCV

www.ingramcontent.com/pod-product-compliance
Lightning Source LLC
Chambersburg PA
CBHW070841030726
47504CB00005B/1182